Das einzelne Kind im Blick

Birgit Behrensen / Meike Sauerhering /
Claudia Solzbacher / Wiebke Warnecke

Das einzelne Kind im Blick

Individuelle Förderung in der Kita

herausgegeben vom

nifbe Niedersächsisches Institut
für frühkindliche Bildung und Entwicklung

Mit Fotos von Bettina Meckel

HERDER

FREIBURG · BASEL · WIEN

© Verlag Herder GmbH, Freiburg im Breisgau 2011
Alle Rechte vorbehalten
www.herder.de

Gesamtgestaltung: Weiß-Freiburg GmbH – Graphik & Buchgestaltung
Titelbild und Fotos im Innenteil: © Bettina Meckel
www.fotografin.de

Druck und Bindung: fgb · freiburger graphische betriebe
www.fgb.de
Gedruckt auf umweltfreundlichem, chlorfrei gebleichtem Papier
Printed in Germany

ISBN 978-3-451-32388-1

Inhalt

Vorwort

DURCH DAS ZUNEHMENDE INTERESSE von Politik, Öffentlichkeit und Wissenschaft an der Elementarpädagogik wird die Kita-Landschaft derzeit mit vielen Erwartungen, Standpunkten, Hoffnungen und Anforderungen konfrontiert. Im Zuge der aktuellen Entwicklung gewinnt auch der Begriff „individuelle Förderung" in der frühkindlichen Bildung mehr und mehr an Bedeutung. Die Aufforderung an die Kita, die Kinder individueller zu fördern, um Bildungsteilhabe zu gewährleisten und der gesellschaftlichen Heterogenität besser gerecht zu werden, wird deutlich formuliert. Oftmals ist aber unklar, was dieser Begriff genau meint und wie in Kitas individuell gefördert wird.

Dieses Buch widmet sich erstmalig in dieser Form im deutschsprachigen Raum der individuellen Förderung in Kindertageseinrichtungen. Basierend auf der Annahme, dass weder gefordert noch umgesetzt werden kann, was nicht genauer definiert und beschrieben ist, erfolgt im ersten Abschnitt eine theoretische Annäherung mit einem Definitionsvorschlag zu individueller Förderung. Da in der aktuellen Debatte zwar viel über die Kitas (und ihren Bildungsauftrag) gesprochen wird, aber wenig mit den ErzieherInnen selbst, hat die Forschungsstelle Begabungsförderung (Leitung Prof. Dr. Claudia Solzbacher) eine große Studie an niedersächsischen Kindertageseinrichtungen durchgeführt. Die Ergebnisse der quantitativen und qualitativen Teilstudien werden im zweiten Buchabschnitt dargestellt. Sie werfen ein deutlich positiveres Licht auf die Förderqualität unserer Kitas, als man es anhand der öffentlichen Debatte vermuten dürfte. Für den dritten Buchabschnitt konnten wir KollegInnen aus verschiedenen elementarpädagogischen Arbeitsfeldern gewinnen, die uns an ihren vielfältigen Erfahrungen mit individueller Förderung teilhaben lassen und ihre Ansätze vorstellen.

Dieses Buch bietet keine Lösungen oder fertigen Ansätze, wie individuelle Förderung garantiert gelingt – das kann es auch gar nicht, weil das individuelle Kind mit seiner Persönlichkeit und seinen Fähigkeiten in den Blick genommen werden muss und durch seine Einzigartigkeit die Art der Unterstützung durch ErzieherInnen und Umfeld bestimmt. Wir hoffen aber, dass wir mit diesem Buch ein Gerüst aus wissenschaftlicher Theorie, praxisnaher Forschung und vielfältigen Stimmen aus der Kita-Praxis zusammenstellen konnten, dass zu einer angeregten Auseinandersetzung mit individueller Förderung einlädt.

Ohne die große Unterstützung der vielen MitarbeiterInnen aus den Kitas, die trotz knapper Personalressourcen und enormem Zeitmangel bereit waren, an unserer Online-Befragung teilzunehmen, und in den Interviews so ausführlich aus ihrem Alltag berichteten, wäre dieses Buch nicht möglich gewesen. Wir möchten ihnen an dieser Stelle für ihr Engagement, ihre Offenheit, ihre Geduld mit sperrigen und zeitaufwendigen Forschungsverfahren und die vielen bereichernden Impulse und Einblicke unseren besonderen Dank aussprechen. Dieses Buch ist auch ihr Buch.

Wir freuen uns auf den weiteren Dialog mit Ihnen!

Birgit Behrensen
Meike Sauerhering
Claudia Solzbacher
Wiebke Warnecke

TEIL I

Individuelle Förderung in Kindertagesstätten – eine theoretische Annäherung

1. Bildung in der frühen Kindheit – Warum die Auseinandersetzung mit individueller Förderung so wichtig ist

„Wären alle Kinder gleich, wäre Erziehung nicht gerade ein Kinderspiel, aber doch sehr viel einfacher." (Largo 1999, S. 13)

DIESER AUSSPRUCH VON REMO LARGO lässt sich gut auf individuelle Förderung übertragen: Wären alle Kinder gleich, wären Bildung und Förderung nicht gerade ein pädagogisches Heimspiel, aber doch zumindest eine leichtere Aufgabe. Verfolgt man die Diskussionen der vergangenen Jahre in Wissenschaft und Praxis, Politik und Öffentlichkeit, lassen sich Unmengen an Begründungen finden, warum individuelle Förderung einen derart großen Stellenwert erlangt hat und der Disput um das „Wie?", „Wann?", „Für wen?" und „Durch wen?" so vielfältig, bisweilen sogar hitzig geführt wird. Wenn man sich auf erziehungswissenschaftlicher Ebene mit Bildungsprozessen und Bildung in der frühen Kindheit beschäftigt, fällt schnell auf, dass individuelle Förderung ein Querschnittsthema ist. Auch in Öffentlichkeit und Politik wird individuelle Förderung, oft in Zusammenhang mit dem Bildungsauftrag der

Kindertageseinrichtungen oder dem vielfältig angestrebten „Bildungsaufschwung", in den verschiedensten Ressorts diskutiert – das hat Vor- und Nachteile. Ein eindeutiger Vorteil ist damit sicherlich die Tatsache, dass ein Handlungsansatz Zuspruch und Aufmerksamkeit erfährt, der im Reigen der Innovationsideen zur Umsetzung des Bildungsauftrags in der Elementarpädagogik zumindest eine gute Antwort auf viele offene Fragen sein könnte. Als eher erschwerend erweist sich jedoch der aktuelle Trend, von allen Seiten gemeinschaftlich mit vielen größeren und kleineren Löffeln (und mit hoher Erwartungs- und Anspruchshaltung) in einem ursächlich pädagogischen Brei zu rühren, bei dem nicht einmal Wissenschaft und Praxis die genaue Rezeptur und Dosierungen kennen.

Die Forderung nach individueller Förderung wirft derzeit mehr Fragen auf, als sie beantworten kann. Und es macht die Sache nicht leichter, dass dieser Ruf in freundlichem Chorus aus Gesellschaft, Politik und Pädagogik erfolgt – viele Köpfe wünschen sich auch viele verschiedene Wege und Effekte. Die eigentlich wichtigste Begründung, warum individuelle Förderung so wertvoll und entscheidend ist, ist jedoch originär keineswegs bildungs- oder populärpolitisch dem aktuellen Frühförderungshype erwachsen. Sie weist auf die größte Herausforderung für die Umsetzung individueller Förderung hin: Kindheit ist nicht gleich Kindheit – jedes Kind ist einmalig. Jedes Kind verfügt über eine einzigartige Persönlichkeit, besondere Stärken und Schwächen, Träume und Hoffnungen. Es gibt keine einheitliche Kindheit, kein Standardrepertoire an Bedürfnissen und keine allgemeingültig festlegbare Art der Unterstützung, die rasterartig und immer mit den gleichen Methoden alle Kinder bestmöglich fördern, erfüllen und glücklich machen kann. Es gibt weder „die" eine Kindheit noch „das" Kind: Die Einmaligkeit eines jeden Kindes bedeutet auch, dass es individuelle Unterstützung braucht, um Persönlichkeit, Fähigkeiten und Talente entdecken, weiterentwickeln und nutzen zu können. Damit geht es zunächst nicht um Leistung, sondern um Ganzheitlichkeit, Zufriedenheit, glücklich sein und persönliche Entfaltung.

Stellen Sie sich vor, Sie hätten Michel aus Lönneberga, Pippi Langstrumpf, Jim Knopf, Karlsson vom Dach und die rote Zora in Ihrer Gruppe. Niemand käme auf die Idee, dass all diese Kinder mit den gleichen Inhalten und Ideen glücklich gemacht werden könnten oder alle die gleiche Art von Aufmerksamkeit, Motivation, Wertschätzung und Ansprache benötigten. Pädagogische Fachkräfte kennen diese Herausforderung aus ihrer täglichen Arbeit.

Die Wertschätzung und die Individualität der Kinder ist eine pädagogische Herausforderung – die Etablierung individueller Förderung und die Umsetzung des Bildungsauftrags eine gesamtgesellschaftliche.

2. Frühkindliche Bildung und individuelle Förderung

Die Begriffe „individuelle Förderung" und „frühkindliche Bildung" weisen viele Gemeinsamkeiten und Überschneidungen auf. Deshalb können sie nicht immer eindeutig voneinander abgegrenzt werden und es stellt sich auch die Frage, wie sinnvoll eine strikte Trennung, gerade mit Blick auf die elementarpädagogische Praxis überhaupt ist.

„Bei Bildung geht es um das Leben als Individuum." (Volkert 2008, S. 43) Persönlichkeitsentfaltung, Entwicklung von Stärken und Nutzen von Ressourcen, die Ziele von individueller Förderung, haben genau das im Blick.

Die politische und gesellschaftliche Forderung, Kindertagesstätten zu Bildungseinrichtungen zu machen, kann momentan nicht überhört werden – weder von der Praxis noch von der Wissenschaft. Aber während der zur Zeit populäre Ruf nach frühkindlicher Bildung deutlich auf den Fluren der Kindertageseinrichtungen und Universitäten nachhallt, wird sich doch manch einer insgeheim die Frage stellen, ob dieser Ruf in der Elementarpädagogik nun wirklich so neu ist. Wir erleben momentan einen Höhenflug der Elementarpädagogik und es ist sicherlich nicht von Nachteil, dass auch die Politik dieses Feld für sich entdeckt hat. Damit erfahren ein wichtiger Teil unseres Bildungssystems und eine sehr engagierte Gruppe von PädagogInnen endlich die Aufmerksamkeit, die sie verdienen. Doch die Auseinandersetzung um das „Wie?" von frühkindlicher Bildung ist keine gesellschaftspolitische, sondern eine pädagogische Frage, und das seit einigen Jahrhunderten. Die Trias Bildung, Entwicklung und Erziehung ist, wenn auch zunächst noch stark unter dem Betreuungsaspekt, in vielen elementarpädagogischen Strömungen traditionell verankert.

Der Begriff der individuellen Förderung scheint ähnlich schwer zu fassen zu sein wie der der Bildung. Zum Bildungsbegriff gibt es einen breit geführten Diskurs, der die Antwort darauf, was Bildung denn nun eigentlich ist, letztlich schuldig bleibt. Es scheint einfacher zu sagen, was Bildung nicht ist, als sich mit einer klaren Positionierung herauszuwagen. Nach Sichtung der aktuellen Literatur zur individuellen Förderung im frühkindlichen Bereich – so sie überhaupt auftaucht – stoßen wir bereits auf ein Hauptproblem in der Auseinandersetzung mit individueller Förderung: Es gibt keine allgemein anerkannte, konsensuale Definition, auf die Wissenschaft, Politik und Praxis sich berufen können. Zielsetzungen und Umsetzungsmöglichkeiten sowohl des Bildungsauftrags als auch von individueller Förderung scheinen eher vage und durchaus umstritten. Dies ist prekär – gerade vor dem Hintergrund, dass individuelle Förderung durch Politik und Öffentlichkeit immer stärker gefordert wird und in einigen Bundesländern bereits Bestandteil von Erlässen bzw. Bildungs- und Orientierungsplänen ist. Damit wird der Praxis eigenverantwortliches Handeln und die Umsetzung eines Förderanspruchs abverlangt, der definitorisch noch nicht einmal klar umrissen ist, geschweige denn mit tatsächlichen Handreichungen und Impulsen für das „Wie?" daherkommt.

Selbstverständlich haben sich viele renommierte Stimmen im Diskurs um frühkindliche Bildung und Entwicklung zu Wort gemeldet. Vergleicht man dabei beispielsweise die Positionen von Fthenakis, Schäfer und anderen WissenschaftlerInnen, wird schnell offenkundig, dass unterschiedliche Ansätze verfolgt werden, die sich eher aneinander reiben, als dass sich in ihnen Gemeinsamkeiten finden lassen. Schäfers Konzept des Lernens im Kontext ist insofern wichtig, als er sich deutlich gegen eine Haltung wendet, die Bildung als konsumierbare Ware versteht, die Kinder quasi zu „Bildungsempfängern" macht:

„Es ist wissenschaftlich nicht haltbar, anzunehmen, Bildung könne einem Menschen beigebracht, weitergegeben oder auf ihn übertragen werden." (Schäfer 2007, 16ff.)

Auch die Ziele von frühkindlicher Bildung müssen dann überdacht werden:

„Ziel von Bildung ist nicht ein Repertoire bestimmter Fähigkeiten, die man angeblich alle einmal brauchen wird. Das ist zu kurz gedacht in einer kulturellen und technologischen Dynamik, deren weltweite Auswirkungen wir von Generation zu Generation nicht mehr überschauen können. Ziel ist vielmehr, Körper und Geist als Werkzeuge der Wahrnehmung, des Handelns, des Denkens und Findens von Lösungen neuer, bisher nicht gedachter Fragen, weitestmöglich auszubilden." (Schäfer zit. n. Merkel 2005, S. 20f.)

Ausgangsposition in der Bildungsdebatte ist für Fthenakis der deutlich ablesbare gesellschaftliche Wandel (z.B. kulturelle Diversität, soziale Komplexität) „mit seinen Auswirkungen auf individueller, familialer und kontextueller Ebene" (Fthenakis zit. n. Grochla 2007, S. 107). Aufgrund dieser Entwicklungen spricht er sich für einen umfassenden Bildungsbegriff aus, der „lernmethodische, reflexive und soziale Kompetenzen einschließt und auf die Förderung kindlicher Autonomie und sozialer Mitverantwortung abzielt" (ebd.). Für ihn muss Kindheit „kontextuell in Beziehung zum Zeitgeist, dem Ort und der Kultur betrachtet werden. Kinder sind dabei eindeutig sozial Handelnde, die ihr eigenes Leben, sowie das Leben um sie herum, konstruieren und determinieren." (ebd.)

Zumindest lässt sich übereinstimmend festhalten, dass Bildung ein interaktiver Prozess ist, der durch Umgebung und Personen angeregt werden kann. Die Frage, wohin dieser Prozess führen soll, kann dahingehend beantwortet werden, dass keine „Fächerbildung" gemeint und gewollt ist, auch wenn die Fachdidaktiken zusehends Einzug in die Kindertagesstätten halten. Es geht vielmehr um Persönlichkeitsentwicklung nach einem ganzheitlichen Prinzip. Bildung und individuelle Förderung sind Mittel zur Ich-Werdung. Damit wird die Untrennbarkeit von körperlichen, intellektuellen, sozialen und emotionalen Ausgangspositionen und Entwicklung, gestützt auf gelungenen Bindungen und Beziehungen, erneut untermauert. Bildung und Förderung des Kindes müssen durch Umwelt und Umfeld ganzheitlich angeregt werden, weil sämtliche Prozesse von der Eigenaktivität des Kindes abhängig sind. Es gilt auch, durch die Entschleunigung der Prozesse und eine deutliche Positionierung gegen einen drohenden Frühförderwahn diesen Ansatz der Bildungs- und Persönlichkeitsentwicklung als Haltung zu implementieren und zu einer Art pädagogischer Basisverortung zu machen. Erst dann wird Persönlichkeitsentwicklung auch zu der zunehmend geforderten Selbstkompetenzförderung. Das Credo ist nicht das von der Praxis und von vielen Eltern gefürchtete oder aber hektisch vorangetriebene „Früher, schneller, weiter" bereits in der Kindheit, sondern Ich-Werdung und Kind-sein-dürfen – mit entsprechenden Freiräumen, Zeit, sich zu entwickeln und der Möglichkeit, sich selbst in seiner Umwelt zu erfahren. (Selbst-)Erfahrung macht Bildung und individuelle Förderung ermöglicht diese Erfahrung.

Der Definitionsansatz der UNESCO zum Bildungsverständnis im 21. Jahrhundert eignet sich besonders, um die Gemeinsamkeiten zwischen individueller Förderung und dem Bildungsauftrag greifbar zu machen:

> „Bildung ist der Kern der Persönlichkeitsentwicklung und der Gemeinschaft. Ihre Aufgabe ist es, jeden von uns, ohne Ausnahme, in die Lage zu versetzen, all unsere Talente voll zu entwickeln und unser kreatives Potenzial, einschließlich der Verantwortung für unser eigenes Leben und der Erreichung unserer persönlichen Ziele, auszuschöpfen."
> (Schäfer 2006, S. 14)

Damit sind individuelle Förderung und ein derart umgesetzter Anspruch an Bildung auch eine Antwort auf die zunehmende Heterogenität unserer Gesellschaft und die Anforderungen echter Bildungsgerechtigkeit für alle Kinder. Respektiert und wertschätzt man Diversity (Vielfalt)

– gerade in frühkindlichen Zusammenhängen –, sind Chancengerechtigkeit und Bildungserfolg nicht ohne individuelle Förderung möglich. Bereits in der frühen Kindheit wird also ein wichtiger Grundstock für das Individuum, aber auch für unsere Gesellschaft als Ganzes gelegt. Es wird deutlich: Es existiert eine enge Verbindung zwischen individueller Förderung und dem Bildungsauftrag.

2.1 Bildungspolitische Dimensionen – Die Anerkennung von Vielfalt

Bildungspolitisch begegnen wir in Deutschland momentan dem Kuriosum, dass individuelle Förderung als explizite oder implizite Forderung in diversen Gesetzen, Erlassen und Bildungs- bzw. Orientierungsplänen Einzug gehalten hat, ohne dass wirklich auf breiter Ebene verbindlich geklärt wäre, was damit überhaupt gemeint ist und welche Konsequenzen sich daraus ergeben.

Als UN-Mitglied hat die Bundesrepublik in ihrer Gesetzgebung die mit der UN-Charta ratifizierten Vorgaben ausgebaut und den Bildungs- und Erziehungsauftrag in unserer Gesellschaft fest verankert. Auch wenn der Terminus „individuelle Förderung" nicht immer explizit auftaucht, lassen sich dennoch genügend (auch implizite) Aussagen dazu eindeutig festmachen. Deutschland befindet sich dabei, sowohl was den Ruf nach individueller Förderung als auch den ambitionierten Vorsatz, Systeme und Handelnde der frühkindlichen Bildung weiterzuentwickeln und zu professionalisieren, international in guter Gesellschaft. Allein der Blick zu unseren europäischen Nachbarn zeigt, dass man sich in einer frühpädagogischen Umbruchphase befindet (vgl. OECD 2006). Immer klarer zeichnet sich in den vergangenen Jahren ein verstärktes staatliches Interesse an bildungspolitischen Fragen ab und nicht zuletzt vor den Herausforderungen der Globalisierung „wird Bildung als zentrale gesellschaftliche Ressource grundsätzlich neu bewertet" (Fthenakis/Oberhuemer 2004, S. 9).

In der UN-Kinderrechtskonvention wird ein klarer Anspruch auf Förderung formuliert (vgl. UN-Kinderrechtskonvention 2004). Das Recht jedes einzelnen Kindes auf Bildung und Förderung steht in Deutschland auf einem breiten gesetzlichen Sockel. Das KJHG (SGB VIII) benennt in §1, Absatz 1 das Recht auf Förderung:

„Jeder junge Mensch hat ein Recht auf Förderung seiner Entwicklung und auf Erziehung zu einer eigenverantwortlichen und gemeinschaftsfähigen Persönlichkeit." (BMFSFJ 2007, S. 69)

Dabei wurde der Förderauftrag zu Erziehung, Bildung und Betreuung stärker konkretisiert (§ 22, Absatz 3):

„Der Förderauftrag umfasst Erziehung, Bildung und Betreuung des Kindes und bezieht sich auf die soziale, emotionale, körperliche und geistige Entwicklung des Kindes. Er schließt die Vermittlung orientierender Werte und Regeln ein. Die Förderung soll sich am Alter und Entwicklungsstand, den sprachlichen und sonstigen Fähigkeiten, an der Lebenssituation sowie den Interessen und Bedürfnissen des einzelnen Kindes orientieren und seine ethnische Herkunft berücksichtigen." (ebd., S. 78)

Hier wird ein holistisches Förderverständnis beschrieben, das sich ganzheitlich an den Bedürfnissen und Interessen des Individuums orientiert – dieser Ansatz umschreibt exakt die Grundhaltung der in letzter Zeit immer stärker geforderten individuellen Förderung.

Das niedersächsische Kindertagesstättengesetz (KiTaG) unterstreicht den Erziehungs- und Bildungsauftrag und wird etwas ausführlicher (§ 2, Absatz 1):

„Tageseinrichtungen sollen insbesondere die Kinder in ihrer Persönlichkeit stärken, sie in sozial verantwortliches Handeln einführen, ihnen Kenntnisse und Fähigkeiten vermitteln, die eine eigenständige Lebensbewältigung im Rahmen der jeweiligen Möglichkeiten des einzelnen Kindes fördern, die Erlebnisfähigkeit, Kreativität und Fantasie fördern, den natürlichen Wissensdrang und die Freude am Lernen pflegen, die Gleichberechtigung von Jungen und Mädchen erzieherisch fördern und

den Umgang von behinderten und nicht behinderten Kindern sowie von Kindern unterschiedlicher Herkunft und Prägung untereinander fördern." (KiTaG, 2002)

Ähnliche Ausführungen finden wir auch in den Vorlagen unserer europäischen Nachbarländer. Vorstellungen und Rahmenbedingungen der vorschulischen Bildung, Erziehung, Förderung und Betreuung sind dabei naturgemäß abhängig vom jeweiligen kulturellen Kontext (Veil 2003). Dies ist insofern nicht zu unterschätzen, als damit noch einmal das Argument gestärkt wird, dass pädagogische Systeme, Konzepte usw. aus ihren kulturellen Zusammenhängen heraus erwachsen und somit nicht immer beliebig eins zu eins auf andere Systeme übertragbar sind.

„Kindheit wird weltweit verschieden gesehen und bewertet, sie ist eine kulturelle und gesellschaftliche Konstruktion. Man könnte sagen, es gäbe so viele Kindheiten wie es Kinder gibt." (Nutbrown 2004 S. 121)

So wertvoll und wichtig es ist, sich mit pädagogischen Herangehensweisen und Konzeptionen anderer Länder auseinanderzusetzen und sich Impulse für die eigenen Zusammenhänge, Bildungsinstitutionen und die Arbeit in der Kita zu holen, gerade wegen der Vielfältigkeit von pädagogischem Ausgangspunkt und Strukturgebung – was in einer kleinen Dorf-Kita in Südschweden hervorragend klappt und umsetzbar ist, ist noch lange nicht das Erfolgsrezept in der Stadtteil-Kindertagesstätte in einem Madrider Vorort. Das ist wichtig und es ist auch gut so. Denn es wäre verheerend anzunehmen, dass eine generelle Übertragbarkeit sinnvoll, wünschenswert und funktionsfähig wäre. Kitas sind immer in einen milieu- und soziokulturellen Kontext eingebunden – selbst wenn sie alle den gleichen pädagogischen Ansatz verfolgen würden.

Vor diesem Hintergrund hat sich die gesellschaftliche Rolle von Kindertageseinrichtungen in den letzten Jahren deutlich gewandelt. Diese Tatsache erzeugt ein neues Erwartungsspektrum an die Fachkräfte sowie hohe Anforderungen an frühkindliche Bildung generell und schlägt sich deutlich in Gesetzgebung und bildungspolitischen Rahmengerüsten des Bundes und der Länder nieder. Ziele von individueller frühkindlicher Förderung werden zunehmend klar umrissen:

> *„Jedes Kind hat unterschiedliche Begabungen und Bedürfnisse. Kinder wachsen zudem in unterschiedlichen sozialen Lebenswelten auf. Die Lebenswelten haben großen Einfluss darauf, wie jedes einzelne Kind ins Leben startet, wie es sich weiterentwickelt und wie es sich von anderen unterscheidet. […] Die Kindertageseinrichtung muss diesen unterschiedlichen Bedürfnissen individuell begegnen. […] Ziel ist es, jedem Kind die gleichen Chancen zu geben, in ein ausgefülltes Leben zu starten. Das setzt voraus, dass wir die unterschiedlichen Begabungen und Lebenslagen der Kinder und ihrer Eltern in der frühen Förderung beachten und in pädagogische Kontexte einbeziehen. Es kommt darauf an, die einzelnen Entwicklungsschritte genau zu beobachten und festzuhalten. Nur dann ist es möglich, Kinder zielgenauer und individueller zu fördern […], die Fähigkeiten, Stärken und Denkweisen der Kinder noch besser entdecken und berücksichtigen zu können."* (Altgeld/Krüger/Menke 2009, S. 5)

Das Recht auf Bildung und Förderung und die Individualität eines jeden Kindes werden dabei immer wieder betont. Die schriftlichen Vorlagen zeigen deutlich, dass das Wissen um die Vielfalt von Kinderwelten, das Individuelle der Persönlichkeit, Fähigkeiten und Bedürfnisse, die Herkunft und Biographie eines jeden Kindes bildungspolitisch angekommen sind. Dies ist ein wichtiger Schritt, um die Vielfalt und Vielfältigkeit unserer Gesellschaft, und zwar von Kindesbeinen an, wahrnehmen, schätzen und fördern zu lernen. Vielfalt ist kein (gesellschaftliches oder pädagogisches) Problem, sondern eine wertvolle Ressource. Was im Bewusstsein stärker vertreten oder gesetzlich teilweise bereits einklagbar ist, ist aber noch lange nicht praxisfähiges Konzept oder pädagogisch „anwendungsbereit". Diese Tatsache muss man sich immer wieder bewusst machen – gerade um langfristig die Kluft zwischen gesellschaftlicher und politischer Erwartungshaltung, wissenschaftlicher Expertise und Forschung sowie den Rahmenbedingungen und Möglichkeiten der Fachkräfte in der Praxis besser schließen zu können.

2.2 Bildungsinhalte von Bildungs- und Erziehungsplänen – Respekt vor Vielfalt

Das „Wie" der Umsetzung von Förder- und Bildungszielen wird auf Landesebene durch die in den letzten Jahren entstandenen Bildungs- und Erziehungspläne inhaltlich umrissen. Es wurden Bildungsbereiche der frühkindlichen Förderung erarbeitet, in denen die PraktikerInnen den Kindern Bildung und Wissen im wahrsten Sinne „be-greifbar" machen sollen. Wie beschrieben ist man sich hierzulande über die Notwendigkeit einer Präzisierung des Bildungs-, Betreuungs- und Erziehungsauftrags weitestgehend einig. Welcher Bildungsbegriff und welche Bildungsziele im Kindergarten eine stärkere Betonung erfahren sollten, scheint jedoch weniger eindeutig und wird entsprechend kontrovers diskutiert (vgl. Sechtig/Schmidt/Roßbach in: Einsiedler/Götz/Hacker/Kahlert/Keck/ Sandfuchs 2005).

Das Frühlingserwachen der Elementarpädagogik ist aber auch darin begründet, dass die frühkindliche Bildung in den vergangenen Jahren als Wissenschaftsdisziplin besonders in Psychologie und Pädagogik immens an Bedeutung gewonnen hat. Das Bild vom Kind hat sich enorm gewandelt und die neuen Forschungserkenntnisse, beispielsweise aus der Entwicklungspsychologie oder den Neurowissenschaften, haben auch den Nebeneffekt, dass dem Potenzial von Kindern in Lern- und Entwicklungsbegleitung mehr und besser Rechnung getragen werden soll. Die Bildungspolitik scheint mit frühkindlicher Bildung momentan oftmals ein Mehr an Wissen und ausgeprägte Schlüsselqualifikationen als Hauptbestandteile der Bildungsoffensive zu verbinden (vgl. Senckel 2004). Auch wenn Bildung als systematischer Begriff in den meisten fachwissenschaftlichen Handbüchern der Kleinkind- oder Kindheitsforschung lange Zeit kaum vertreten war (vgl. Schäfer 2005), kann jedoch historisch begründet werden, und dies wird durch neuere wissenschaftliche Erkenntnisse gestützt, dass frühkindliche Bildung mitnichten nur auf ein mehr an Wissen minimiert werden darf. Nichtsdestotrotz verfolgt die Festlegung von Bildungsbereichen das berechtigte Ziel, frühkindliche Bildungs- und Förderprozesse zeitgemäß auszurichten, und allein eine schlagwortartige Übersicht über die Bildungsbereiche in den Curricula der Länder zeigt, „wie vielgestaltig die Bildungsarbeit im Kindergarten ist und welche Potenziale für die kindliche Entwicklung in ihr liegen" (Weber 2003, S. 12). Folgt man beispielsweise der Argumentation von Schäfer und seinen Thesen zur Selbstbildung als „Tätigkeit, die Kinder verrichten müssen, um das, was um sie herum geschieht, aufnehmen und zu einem inneren Bild ihrer Wirklichkeit verarbeiten zu können" (Schäfer in Reichenbach/Lücking 2007, S. 17), wird auch seine bewusste Unterscheidung zwischen Bildungszielen, Bildungsprozessen und Bildungsbereichen plausibel. Bildungsziele wären dann u.a. die Entwicklung der Persönlichkeit, Ausschöpfung der Entwicklungspotenziale der Kinder, Vorbereitung auf künftige Lebenssituationen – unterteilt in sachliche Zukunft als ordnender und verarbeiteter Umgang mit der erfahrenen Wirklichkeit und soziale Zukunft als Teilhabe an der Gesellschaft. Ausgangspunkt für Bildungsprozesse wäre laut seiner These die individuelle Denk- und Verarbeitungsfähigkeit. Voraussetzung für diese Denk- und Verarbeitungsfähigkeit sind Faktoren wie eine hinreichende Komplexität an Sinnzusammenhängen, gute soziale Beziehungen, Vielfalt der subjektiven inneren Verarbeitungsmuster und u.a. auch eine Einbettung in individuelle, sachliche und soziale Sinnzusammenhänge.

Als wesentlich betrachtet er dabei die Bildungsbereiche Bewegung, Spielen und Gestalten, Medien, Sprache(n) und Natur und kulturelle Umwelt(en) (ebd.). Prinzipiell sollte in all diesen Bildungsbereichen die individuelle Förderung eines jeden Kindes möglich sein. Es handelt sich um Kompetenzbereiche, die u.a. auch auf die Schuleingangsphase vorbereiten sollen, allerdings sollte der Förder- und Bildungsauftrag des Kindergartens in seiner Intention unbedingt losgelöst von einer Vorbereitung auf Schulfähigkeitskriterien betrachtet und umgesetzt werden. Bildungseinrichtungen ohne ein autonomes Bildungsverständnis um ihres eigenen Auftrags Willen und nur als Vorläuferinstanz für eine nachfolgende Bildungsinstitution können weder sinnvoll fördern noch die Persönlichkeit des Individuums im Blick haben. Dies ginge an Praxis und Potenzial der Kindertageseinrichtungen vorbei – der Blick auf die Bildungsqualität von Kindertagesstätten mag im Sog der Reformbemühungen stärker und anders fokussiert werden, ein grundsätzliches Bildungs- und Förderverständnis ist aber grundsätzlicher Bestandteil jeder elementarpädagogischen Strömung.

Hinsichtlich der eindeutigen Benennung von individueller Förderung divergieren die Aussagen in den einzelnen Länderplänen stark, nichtsdestotrotz finden sich in jedem Bildungs- und Orientierungsplan Hinweise auf einen individuellen Förderanspruch innerhalb der Institution Kindergarten. Exemplarisch sei an dieser Stelle ein Auszug aus dem niedersächsischen „Orientierungsplan für Bildung und Erziehung im Elementarbereich in niedersächsischen Tageseinrichtungen" genannt. So gilt als „Ausgangspunkt für das sozialpädagogische Handeln [...] die Zusammenführung der Lebensgeschichte jedes einzelnen Kindes (jedes Kind wird dort ,abgeholt' wo es steht)" (Niedersächsisches Kultusministerium 2005, S. 34), jedes Kind soll Unterstützung für seinen „individuellen Bildungsweg" (ebd.) erhalten, wobei „soziale oder geschlechtsspezifische Benachteiligungen ebenso wie besondere Bedürfnisse von Kindern [...] auch hochbegabte Kinder" (ebd.) berücksichtigt werden sollen. Dies geht mit der Forderung an die Fachkräfte einher, sich „stärker auf elementare Bedürfnisse der Kinder [...] Versorgung, Verlässlichkeit und Geborgenheit" (ebd.) einzulassen und die Kinder „Schritt für Schritt an die Lerngelegenheiten" (ebd.) heranzuführen. Dabei sind „professionelle Förderung" (ebd.) und die „Teilhabe an Bildungsangeboten" (ebd.) besonders wichtig. Bei der methodischen Heranführung an Lerngelegenheiten werden die „Förderung der individuellen Persönlichkeitsentwicklung (Ich-Stärke, „Eigen-Sinn", personale Kompetenz) und die Förderung der sozialen Beziehungsfähigkeit (Sozialkompetenz, Gemeinsinn, interpersonale Kompetenzen)" (ebd.) besonders hervorgehoben. Deutlich wird auf die große Chance der Elementarpädagogik hingewiesen, „Lernprozesse durch eigenaktives Handeln von Kindern allein und in der Gruppe zu ermöglichen" (ebd.), wobei die Grundvoraussetzung des Lernens die „Herstellung von sicheren Beziehungen der Kinder untereinander und zu ihrer Erzieherin" (ebd.) ist.

Durch sämtliche Publikationen und Empfehlungen zur Bildung und Förderung in den ersten Jahren zieht sich immer deutlicher der Respekt vor der Persönlichkeit und den Fähigkeiten des einzelnen Kindes. Kinder sind, auch wenn sie gleichaltrig oder auf andere Art durch Gemeinsamkeiten verbunden sind, nie eine homogene Gruppe. Respekt vor der Einzigartigkeit des Individuums bringt die Wertschätzung der Unterschiedlichkeit von Menschen mit sich. Die breite Zustimmung zu diesem Bildungsverständnis, die zunehmende Anerkennung der Pluralität menschlicher Existenz und die dadurch entstehende bessere Nutzung von Ressourcen bilden zunehmend den roten Faden in der entsprechenden Literatur. Die Kita scheint aus vielen Gründen ein perfekter Schutz- und Bildungsort zu sein, diesem Wollen tatsächlich Leben einzuhauchen und für das einzelne Kind, aber auch unsere Gesellschaft insgesamt wertvolle und wichtige Grundsteine zu legen.

3. Individuelle Förderung in der elementarpädagogischen Praxis

Der Anspruch, die Persönlichkeit, die Begabungen und die geistigen, emotionalen, sozialen und körperlichen Fähigkeiten eines Kindes zur Entfaltung zu bringen, wird in vielen bildungspolitischen und wissenschaftlichen Veröffentlichungen als zentrales Ziel formuliert. Wie im vorausgegangenen Kapitel bereits näher erläutert, wird individuelle Förderung als ein Mittel gesehen, um mit der Herausforderung von Heterogenität in Bildungseinrichtungen konstruktiver und wertschätzend umgehen zu können. Der allgemeine Anspruch, alle Kinder frühzeitig und vor allem individuell zu fördern, wird allgemein mit großer Übereinstimmung formuliert. Dabei wird auch der gesamtgesellschaftliche Nutzen betont. Von individueller Förderung profitiert nicht nur der Einzelne, sie wirkt sich auch positiv auf das gesamtgesellschaftliche Gefüge aus:

> *„Individuelle Förderung entscheidet darüber, ob Menschen sich nach ihren Fähigkeiten und Interessen entwickeln können. Individuelle Förderung ist gleichermaßen Voraussetzung für das Vermeiden und den rechtzeitigen Abbau von Benachteiligungen wie für das Finden und Fördern von Begabungen. […] Das Finden und Fördern von Begabungen muss noch stärker zur Normalität werden. Die gezielte Förderung von intellektuellen, künstlerischen, kreativen, sozialen und psychomotorischen Begabungen ist notwendig für die individuelle Persönlichkeitsentwicklung, aber auch für die Gestaltung und Entfaltung unserer Gesellschaft."*
> (Forum Bildung 2002, S. 7)

Das vielleicht größte Manko bei der Implementierung individueller Förderung ist aber sicherlich, dass es bislang keine allgemeingültige Definition des Begriffs gibt: Was bedeutet individuelle Förderung? Was versteht die Wissenschaft darunter? Was verbindet die Kita damit? Und mit Blick auf die Gestaltung von gelungenen Übergängen: Meinen Kita und Schule das Gleiche, wenn sie über individuelle Förderung sprechen?

3.1 Individuelle Förderung in der Kita – Das Dilemma der Definition

Der Terminus individuelle Förderung hält mehr und mehr Einzug in die Kita-Bildungslandschaft – und zwar in Form eines *top down*. Dies ist insofern wichtig, als es einen Teil der Konfusionen erklärt, auf die man stößt, wenn man sich vertiefend mit diesem Begriff in der Kita befasst. Wäre das Ganze Resultat einer inhaltlichen Suche aus der Kita selber, als *bottom up*, wäre wenigstens klar, welche Grundbegriffe und Handlungen die AkteuerInnen in der Praxis mit diesem Ansatz verbinden. So aber stochern alle etwas blind im frühkindlichen Bildungs- und Fördernebel.

Dem Kindergarten kann mit seinem historisch gewachsenen Erziehungs- und Betreuungsauftrag eine direkte Förderabsicht zugeschrieben werden. Der Begriff Förderung steht zudem in deutlicher Beziehung zum

Erziehungsbegriff. Brezinka beispielsweise ordnet dem Erziehen eine grundlegende Förderabsicht zu (vgl. Arnold/Richert 2008). Förderung wird als pädagogischer Begriff bezeichnet, „mit dem große Wertsetzung verbunden ist und der durchweg positive Konnotationen aufweist" (ebd. S. 14) – ein direkter Bezug auf Nohl, der Förderung als ein Grundelement des pädagogischen Verhältnisses bezeichnet hat (ebd.). Die entwicklungspsychologische Perspektive untermauert diesen Ansatz, wenn sie Förderung als die Intention versteht, Entwicklungsverläufe günstig zu beeinflussen, als ein Instrument, das der „Schaffung geeigneter Bedingungen für eine [...] Entwicklung und Entfaltung des Individuums dient" (Mähler 2008, S. 68).

Das Forum Bildung formulierte einen stark vom Bildungsdiskurs geprägten Förderbegriff mit der „Zielsetzung, Interessen des Kindes zu erkennen und zu unterstützen, dazu gehören sowohl die Vermittlung von Lern- und Arbeitsstrategien als auch die Entwicklung sozialer Kompetenzen. Förderung sollte sich immer an Kompetenzen und Stärken orientieren und nicht an Defiziten. Das Prinzip dabei ist: ‚Stärken stärken und Schwächen schwächen'. Ein kompetenzorientierter, ganzheitlicher Blick auf die kindliche Entwicklung vermittelt dem Kind darüber hinaus Vertrauen in die eigene Persönlichkeit." (Bergs-Winkels 2007, S. 108)

Seitens der Schulpädagogik wird immer wieder betont, dass mit Förderung bereits früher begonnen werden müsse. Aber was individuelle Förderung und früheres Beginnen meint, ist keineswegs eindeutig genug, um daraus beispielsweise direkte Schlussfolgerungen für die Kita-Praxis ziehen zu können, und es stellt sich die Frage, ob es überhaupt sinnvoll wäre, diese Schlussfolgerungen auf die Elementarpädagogik zu übertragen. Individuelle Förderung wird in der Schule insgesamt sehr stark mit Lernkompetenzentwicklung verknüpft. Wird diese Auslegung dem Bildungs- und Förderpotenzial der Kita gerecht? Zudem scheint auch in der Schulpädagogik kein konsensuales Verständnis ablesbar, was individuelle Förderung wirklich ist und wie sie umsetzbar ist. Ist die Übertragung dieses Begriffs von der Schule auf die Kita einer der Gründe dafür, dass laut Wissenschaft das „sozial kompetente" Kind vom „wissenden Kind" abgelöst wurde (vgl. Fried 2008) und vom „Forschergeist in Windeln" (Gopnik/Kuhl/Meltzoff 2000, S. 6ff.) gesprochen wird? Und ist das wissende Kind automatisch weniger sozial kompetent?

In der Schule ist der Begriff der individuellen Förderung zumindest fest verankert, wenn auch noch nicht mit genügend Inhalten und Maßnahmen gefüllt. In der frühkindlichen Bildung existiert er in dieser Form noch nicht, auch wenn es durchaus diverse Ansätze und Konzepte gibt, die man unter individueller Förderung subsumieren kann und muss. Dies liegt vermutlich u.a. daran, dass in Kindertageseinrichtungen diverse und differierende Förderbegriffe, Förderansprüche und Förderinstrumente verwendet werden. Das erschwert auf der einen Seite die immer wieder geforderten systematischen Absprachen und gemeinsamen Kooperationen bezüglich Fördermaßnahmen zwischen Kitas und Grundschulen. Es erschwert aber auch die Reflexionen über frühe Bildung und ihre Umsetzung in der Kita selbst. Hilft der Blick in die Schulpädagogik? Es gibt diverse Erklärungsansätze aus der Wissenschaft. Fischer, Mönks und Westphal verstehen individuelle Förderung als „die Anpassung des Forder-Förder-Angebotes der vorschulischen und schulischen Umwelt an die kognitiven, sozial-emotionalen und psychomotorischen Forder-Förder-Bedürfnisse des Kinder und Jugendlichen mit dem Ziel einer optimalen Begabungsentfaltung und Persönlichkeitsentwicklung" (Fischer/Mönks/Westphal 2008, S. 1). Hier wird auch der Zusammenhang zwischen Entfaltung und Persönlichkeit mit aufgenommen. Folgt man dieser Definition, wird unübersehbar, dass es dafür eines gelungenen Wechselspiels, einer produktiven Interaktion zwischen Förderer und zu Förderndem bedarf. Der Zusammenhang von Beziehungskultur, Förderverständnis und Begabungsentfaltung wird hier deutlich.

Individuelle Förderung ist nicht in erster Linie eine Methode, sondern zunächst eine pädagogische Haltung, die mit geeigneten Förderinstrumenten und Konzepten umgesetzt wird. Sie setzt eine professionelle Haltung voraus, die neben bestimmten Rahmenbedingungen die Realität individueller Förderung in der Schule und in vorschulischen

Bildungseinrichtungen maßgeblich beeinflusst (vgl. Solzbacher in Solzbacher/Kunze 2008).

Da bis zum jetzigen Zeitpunkt keine übergreifenden Definitionsansätze von individueller Förderung in der Elementarpädagogik existieren, schlägt die nifbe-Forschungsstelle Begabungsförderung folgende Definition vor:

> Unter individueller (Früh-)Förderung werden alle Aktivitäten von ErzieherInnen verstanden, die mit der Intention erfolgen, die Persönlichkeitsentwicklung und die Entfaltung der Fähigkeiten und Begabungen eines jeden Kindes zu unterstützen. Ausgangspunkt sind die Lebenswelt des Kindes, seine spezifischen Bedürfnisse und die Bewältigung seiner Entwicklungsaufgaben. Grundlegend ist die ErzieherInnen-Kind-Beziehung und deren Reflexion. Individuelle Förderung orientiert sich an den Ressourcen des Kindes. Grundorientierung ist der Respekt vor Vielfalt (Diversity). Ziel ist die Umsetzung eines ganzheitlichen Bildungsanspruchs. Die Professionalität der Erzieherin besteht darin, eine geeignete Lernumgebung zu arrangieren, die das Kind anregt, seine Entwicklung selbsttätig zu gestalten.

3.2 Zum Zusammenhang von individueller Förderung, Begabungsförderung und Bildungsinhalten – Vernachlässigte Gemeinsamkeiten

Individuelle Förderung ist die logische Konsequenz aus einem dynamisch verstandenen Begabungsbegriff. Wenn das Stichwort Begabung fällt, denken viele Menschen sofort an Hochbegabung. Oder aber es gehen viele verschiedene Begriffe quer durcheinander, wie z.B. Talent, Fähigkeiten, Intelligenz, Leistung usw. Was ist Begabung? In Abgrenzung zur Begabtenförderung, die auf die Förderung Hochbegabter bzw. besonders Begabter zielt, fokussiert die Begabungsförderung auf die Förderung aller Kinder. Begabung ist dabei als ein individuelles Fähigkeitspotenzial zu verstehen (vgl. Heller/Ziegler 2007) und als Interaktionsprodukt (vgl. Stamm 2007) im Zusammenspiel mit den sozialen Rahmenbedingungen, die die Möglichkeiten eines Kindes, dieses Potenzial auszuschöpfen, beeinflussen. Der dynamische Begabungsbegriff geht davon aus, dass sich Begabungen im Laufe des Lebens entwickeln, ausbilden und auch verschieben können (vgl. Oswald in Heitzinger/Schütz 2005). Dabei ist entscheidend, dass Begabungen durch intrapersonelle Einflüsse und Umweltfaktoren beeinflusst werden können. Mit Bezug auf die KiTa wird auch hier wieder deutlich, wie wichtig gelungene Beziehungen der Kinder untereinander, aber auch zu ihren ErzieherInnen sind. Für die pädagogische Umsetzung von begabungsfördernden Maßnahmen, die auf die Bedürfnisse und Fähigkeiten eines Kindes zugeschnitten sind, ist der dynamische Begabungsbegriff Voraussetzung. Im Gegensatz hierzu stünde der statische Begabungsbegriff, der davon ausgeht, dass die jeweiligen Begabungen dem Menschen quasi in die Wiege gelegt wurden, dass Begabungen mehr oder weniger unveränderlich sind und sich quasi automatisch in Leistung umwandeln (oder bei scheinbar fehlenden genetischen Veranlagungen eben auch nicht in Leistung umwandeln).

Begabungsförderung in der Kita
Als eine der Kapazitäten in der Begabungsforschung hat Heller das Münchner Begabungsmodell entwickelt. Für ihn ist Begabung das Gesamt „personaler (kognitiver, motivationaler) und soziokultureller Lern- und Leistungsvoraussetzungen […], wobei die Begabungsentwicklung als fortschreitender Interaktionsprozess (personen)interner Anlagefaktoren und externer Sozialisationsfaktoren zu verstehen ist" (Heller 2008, S. 8). Dies erklärt auch, warum man den sogenannten sekundären „Sozialisationsagenten" vor allem im Vor- und Grundschulbereich eine Schlüsselrolle zuschreibt (vgl. Heller/Ziegler 2007). Wir sind damit nicht weit von der pädagogischen Grundphilosophie entfernt, die in vielen Kindertageseinrichtungen immer wieder betont wird: das Kind dort abzuholen, wo es steht. Diese Maxime weist ebenfalls das Wissen über die Persönlichkeit, die Fähigkeiten und das Umfeld des Kindes als Basis aller Bildungs- und Förderprozesse aus. Die Verbindung zwischen individueller Förderung und frühkindlicher Bildung ist somit keine künstlich herbeigeführte Alli-

anz: Elementarpädagogik und Begabungsförderung begegnen sich hier in ihren Grundüberzeugungen – und wichtigsten Erkenntnissen. Vergleicht man beispielsweise die Bildungsbereiche aus den Orientierungs- und Bildungsplänen der Länder mit Gardners multiplen Intelligenztheorie (sprachliche Intelligenz, logisch-mathematische Intelligenz, räumliche Intelligenz [Malen, Schach], musikalische Intelligenz, kinästhetische Intelligenz bzw. motorische Intelligenz [Sport], interpersonale Intelligenz [soziale Fähigkeiten], intrapersonale Intelligenz [„Selbstbewusstsein"]), entdecken wir erneut viele inhaltliche Überschneidungen. Begabung ist nicht mit einem hohen IQ zu verwechseln – Begabungen sind vielfältig.

Mönks weist im Zusammenhang von Begabung und menschlicher Entwicklung als Lebenslaufprozess darauf hin, dass Kinder gerade in den ersten Lebensjahren am einfachsten und am schnellsten lernen und Kleinkinder eine ungewöhnliche Lernkapazität besitzen (vgl. Mönks in Wagner 2003). Dieses Wissen muss auch in der Begabungsförderung und im Rahmen von individueller Förderung angewandt und genutzt werden, um dem Potenzial kindlicher Entfaltungsmöglichkeit und Lernfähigkeit Rechnung zu tragen. Perleth und Schatz machen deutlich, dass bereits in der Kleinkind- und Vorschulzeit „entscheidende Weichen für die Begabungsentwicklung […] gestellt" (Perleth/Schatz in: Wagner 2003, S. 31) werden. Der sich daraus ergebende Folgerungskatalog ist sehr breit und umfasst, orientiert an den einzelnen Lern- und Entwicklungsphasen, mannigfaltige Forderung an die verschiedenen Bildungsebenen und das involvierte soziale Umfeld (ebd.). Dass dies nicht ohne Ausweitung der diagnostischen Kompetenzen des Fachpersonals gehen kann, liegt auf der Hand (vgl. Stapf in: Wagner 2003). Wenn Klement im Kontext von der Identifikation von Begabungen von der „Suche nach verborgenen Qualitäten spricht" (Klement 2005, S. 67), wird deutlich, dass es sich hier um einen urpädagogischen Auftrag handelt, der in der Umsetzung „Entwicklung kreativ unterstützt, Umwege mitmacht und vor allem bereit ist, neue, unkonventionelle Methoden anzuwenden" (Rollett in: Klement/Oswalt 2005, S. 174).

Die Kita mit ihren offenen Lernarrangements und den mannigfaltigen Möglichkeiten für Kinder, sich die Welt zu erschließen, ist der ideale Ort für diese neuen, unkonventionellen Methoden. Begabungsförderung darf dabei nicht mit Leistungsförderung gleichgesetzt werden. Kindertageseinrichtungen haben die große Chance, Bildungsprozesse sinnvoll zu steuern und sich neuen Inhalten spielerisch anzunähern. Kinder sind neugierig und möchten gefördert werden. Idealisierend könnte man sagen, dass alles in der Kita Förderung ist. Aber wie bewusst muss Förderung sein, um wirklich gezielt zu unterstützen? Kann Begabungsförderung nebenbei geschehen? Wie kann Begabungsförderung in Kitas gestaltet werden und welche Unterstützung wünschen sich die Fachkräfte aus der Praxis von Eltern, Trägern und der Wissenschaft? Hier gibt es noch deutlichen Forschungsbedarf, aber auch dringenden Austauschbedarf zwischen Wissenschaft und Praxis.

Angesichts der oftmals knappen Personalressourcen in den Kindertagesstätten wird häufig vorschnell gefolgert, dass ein Mehr an Personal und Zeit auch automatisch die Förderqualität der Einrichtung verbessert – das ist ein Trugschluss. Gelungene Bildungsprozesse sind keine Frage der personellen Quantität, sondern der inhaltlichen und pädagogischen Qualität einer Kita. Die dringend notwendige personelle Aufstockung der Kitas, bessere Bezahlung und Ausbildung der Fachkräfte und die entsprechende Verbesserung aller benötigten Ressourcen sind keine Folgerungen aus der immer stärker geforderten individuellen Förderung in Kindertagesstätten – sie sind eine grundsätzliche Notwendigkeit, die schon seit langem dringend angegangen werden müsste.

Bildung und Förderung in Kitas sind eng verbunden mit der ErzieherIn-Kind-Beziehung. Auch die Institution prägt nachhaltig die Beziehungskultur innerhalb der Einrichtung. Wir wissen aus Untersuchungen: Überforderung und Belastung schwächen das Beziehungsverhalten – Beziehungen sind teilweise nur noch auf sehr formalisierter Ebene möglich mit negativen Konsequenzen für Pädagogin und Kind (vgl. Bönsch 2001). Begabungsförderung aller Kinder ist nicht möglich mit ErzieherInnen, die mit ihren Arbeitskapazitäten am Limit stehen, auch dies muss ein Eckpfeiler im Reformbemühen um die Elementarpädagogik sein.

TEIL II

Online-Befragung und persönliche Interviews zur individuellen Förderung in Tageseinrichtungen für Kinder: Eine Studie der Forschungsstelle Begabungsförderung

1. Zum Hintergrund der Studie

DIE STUDIE SETZT SICH aus zwei Teiluntersuchungen zusammen, einer quantitativen Online-Erhebung und einer qualitativen Interviewerhebung. Es ging darum, zu erheben, welche Vorstellungen und Erfahrungen von individueller Förderung in der Praxis vorhanden sind und umgesetzt werden.

Mit der Studie wurden mehrere Ziele verfolgt. Sie diente zunächst der Feldexploration. Diesem Interesse ist auch die besondere Konstruktion des Fragebogens für die Online-Befragung geschuldet, die einen sehr großen Anteil an offenen Fragen aufweist. Außerdem wurde erhoben, welches Verständnis von individueller Förderung pädagogische Fachkräfte in Tageseinrichtungen für Kinder haben und welche Bedeutung sie in der täglichen Praxis hat. Durch die Interviews mit Fachkräften konnten die in der Online-Befragung sichtbar werdenden Tendenzen genauer erfasst und die Zusammenhänge der verschiedenen Aspekte von individueller Förderung besser verstanden werden. Angemerkt sei, dass es in der Studie nicht darum ging, pädagogisches Handeln selbst zu beobachten und auf der Folie eines Ideals individueller Förderung zu bewerten. Vielmehr zeigen die Ergebnisse „subjektive Handlungsorientierungen und implizite Entscheidungsmaximen" (Bogner/Menz 2005, S. 38) auf.

Das pädagogische Feld, in dem die Studie verortet ist, ist die Gruppe der pädagogischen Fachkräfte in Tageseinrichtungen für Kinder in der Altersstufe von drei bis sechs Jahren. Nicht immer verwenden wir diese sachlich und fachlich richtige Bezeichnung. Der Einfachheit halber benutzen wir die Bezeichnung „Kita", auch wenn wir die ganze Breite der Tageseinrichtungen für Kinder meinen. Außerdem verwenden wir die Berufsbezeichnung „Erzieherin" stellvertretend für alle pädagogischen Fachkräfte in den Einrichtungen, da diese Berufsgruppe die weitaus größte darstellt. Sowohl die anderen Berufsgruppen als auch die männlichen Vertreter in diesem Berufsfeld sind an dieser Stelle mitgedacht.

2. Zentrale Ergebnisse der Online-Befragung

2.1 Zum methodischen Vorgehen

Zur Anlage und Auswertung der Online-Befragung
Den Ausgangspunkt der Gesamtstudie stellt eine niedersachsenweite Online-Befragung in den Tageseinrichtungen für Kinder dar. Es wurde ein Fragebogen konstruiert, der Fragen zu drei Themenbereichen beinhaltet: persönliche Sichtweise von individueller Förderung, individuelle Förderung in der Einrichtung und Übergang zur Grundschule.

Viele Fragen boten die Möglichkeit, offen zu antworten. Insofern forderte der Fragebogen von den Teilnehmerinnen viel Engagement beim Ausfüllen, bot ihnen andererseits aber auch die Möglichkeit, ihrer persönlichen Einschätzung und Meinung großes Gewicht zu verleihen.

Schon die Anlage als Online-Befragung muss als eine Art Vorauswahl der Teilnehmerinnen betrachtet werden. Längst nicht jede Tageseinrichtung für Kinder verfügt über einen Computer beziehungsweise einen Internetzugang, und wenn, dann ist dieser häufig nicht gleichermaßen für alle Mitarbeiterinnen zugänglich. Angesichts von Zeit- und Ressourcenmangel kann geschlussfolgert werden, dass möglicherweise überdurchschnittlich viele besonders engagierte Erzieherinnen an unserer Studie teilgenommen haben.

Nach der Bereinigung der Daten konnten von den eingegangenen 700 Fragebögen 563 ausgewertet werden. Nicht jede Teilnehmerin der Online-Befragung machte zu sämtlichen Fragen Angaben, so kommt es bei unterschiedlichen Auswertungspunkten zu verschiedenen Fallzahlen (n). Die tatsächliche Fallzahl wird jeweils angegeben. Die Angaben beziehen sich auf die gültigen Antworten. In der Basisauswertung wurden für sämtliche Fragen deskriptive Statistiken erstellt. Die offenen Fragen wurden für die Auswertung kategorisiert.

Zum Sample

Die Teilnehmerinnen der Studie sind recht gleichmäßig und flächendeckend auf Niedersachsen verteilt. Die Datenbasis aus der deskriptiven Statistik führt zu folgenden Erkenntnissen bezüglich der Teilnehmerinnen der Online-Befragung: Der Fragebogen wurde zu über 90% von Frauen ausgefüllt. Die Mehrheit der Teilnehmerinnen ist zwischen 46 und 50 Jahre alt. Diese Altersverteilung deckt sich in etwa mit der, die vom statistischen Landesamt ermittelt wurde (vgl. Landesbetrieb für Statistik und Kommunikationstechnologie Niedersachsen 2008, S. 23).

Von den 544 Befragten, die ihre Position innerhalb der Einrichtung angegeben haben, leiten knapp 83% die Einrichtung, gut 11% der Fachkräfte sind als Gruppenleiterinnen angestellt. Die These, dass es sich in unserer Stichprobe um besonders engagierte Personen handelt, wird auch dadurch gestützt, dass immerhin mehr als ein Viertel der Befragten angeben, über der Arbeit in der Kindertageseinrichtung hinaus noch weiteren pädagogischen Tätigkeiten nachzugehen – Und dies, obwohl mehr als die Hälfte in Vollzeit beschäftigt ist. Wenn sie Teilzeitbeschäftigte sind, haben sie eine durchschnittliche Wochenarbeitszeit von knapp 32 Stunden. Im Vergleich zu den Zahlen des statistischen Landesamtes befinden sich in unserem Sample überproportional viele Vollzeitbeschäftigte. Dies lässt sich aus der Tatsache erklären, dass gleichzeitig besonders viele Einrichtungsleitungen an der Befragung teilgenommen haben. Diese sind, auch laut Datenbasis des Landesamtes für Statistik und Kommunikationstechnologie Niedersachsen (2008, S. 21), häufiger vollzeitbeschäftigt als ihre Kolleginnen ohne Leitungsfunktion. Die Teilnehmerinnen verfügen über eine langjährige Berufserfahrung von durchschnittlich knapp 22 Jahren, davon sind sie rund 13 Jahre in der derzeitigen Einrichtung tätig.

Es beteiligte sich Fachpersonal aus den Einrichtungen verschiedenster Träger (32,6% Kommune, 24% evangelische Kirche, 15,4% katholische Kirche, 8,8% DRK, 8,1% Verein, Elterninitiativen und AWO jeweils 2,9%, 0,7% Paritätischer Wohlfahrtsverband und 4,8% verbleiben bei anderen freien Trägern.) Im Länderreport Niedersachsen[1] wird lediglich zwischen Einrichtungen in öffentlicher Trägerschaft und freigemeinnütziger Trägerschaft unterschieden. Dort zeigt die Datenlage 33,2% Einrichtungen in öffentlicher Hand und 66,2% in freier und gemeinnütziger Trägerschaft. Werden die Zahlen der einzelnen Träger miteinander addiert, entsprechen die Daten unserer Erhebung ebenfalls der Verteilung in Niedersachsen.

Zu beinahe 60% nahmen an der Studie Fachkräfte aus Einrichtungen mit Ganztagsbetrieb teil, rund 40% aus solchen, die nur vormittags geöffnet haben. Wenige Teilnehmerinnen geben an, in Einrichtungen zu arbeiten, die lediglich Öffnungszeiten im Nachmittagsbereich haben. Die Kindergruppen, in denen die Befragten arbeiten, sind fast aus-

---

1   Der Länderreport weist 21,6% Vollzeitbeschäftigte aus, 17,8% Teilzeitbeschäftigte mit einer wöchentlichen Arbeitszeit von 32 bis kleiner als 38,5 Stunden und die Gruppe der Teilzeitbeschäftigten mit einer wöchentlichen Arbeitszeit von 21 bis 32 Wochenstunden werden mit 49,9% angegeben. Vgl. Bertelsmann Stiftung. Länderreport frühkindliche Bildungssysteme 2008 (http://www.bertelsmann-stiftung.de/cps/rde/xbcr/SID-1CB94B66-87060393/bst/ni_a4.pdf).

schließlich altersgemischt; ca. 50% werden halboffen, ca. 28% mit fester Gruppenstruktur und die verbleibenden rund 19% werden offen geführt. Zumeist, bei fast 90% der befragten Pädagoginnen, werden die Gruppen von zwei Fachkräften geleitet. Wenige verfügen über drei Fachkräfte pro Gruppe (bei knapp 8% derjenigen, die Angaben zum Betreuungsschlüssel gemacht haben). Auch sind Einrichtungen der verschiedensten Größen in unserem Sample vertreten. Die Spannbreite reicht von einer bis hin zu zwölf Gruppen. Der Schwerpunkt, mit jeweils gut hundert Nennungen, liegt bei Institutionen mit zwei bis vier Gruppen. Verglichen mit den Zahlen des statistischen Landesamtes sind in unserem Sample überproportional viele größere Einrichtungen vertreten. Dort weist die Datenbasis für Kinder in der Altersstufe von zwei bis acht Jahren eine große Menge von Einrichtungen mit ein bis zwei Gruppen aus.

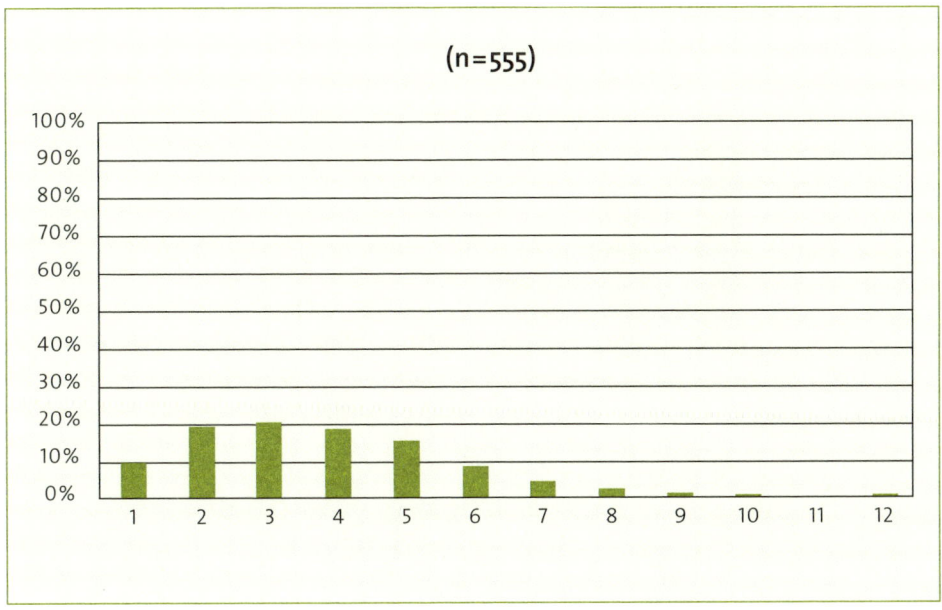

Abbildung 1: Wie viele Gruppen gibt es in Ihrer Einrichtung insgesamt?

Knapp 34% der Teilnehmerinnen der Studie (das sind 188) sind in Einrichtungen mit integrativen Gruppen tätig. 137-mal wurde angegeben, dass in einer Gruppe integrativ gearbeitet wird und 38-mal, dass es zwei

Integrationsgruppen gibt. Bei den verbleibenden 13 Aussagen wurden mehr als zwei Gruppen integrativ geführt. Auch die Menge der integrativen Einrichtungen unseres Samples deckt sich in etwa mit der proportionalen Verteilung solcher Einrichtungen in der Gesamtanzahl der niedersächsischen Tageseinrichtungen für Kinder (vgl. Landesbetrieb für Statistik und Kommunikationstechnologie Niedersachsen 2008, S. 10).

In dem Sample unserer Studie ist der Situationsansatz der am meisten verbreitete, ihm folgt der entwicklungsgemäße Ansatz. Weit verbreitet sind ebenfalls Mischformen verschiedener Ansätze, zumeist in Kombination mit dem Situationsansatz. Seltener sind Pädagoginnen aus Einrichtungen vertreten, die nach der Reggio-, Montessori- oder der Waldorfpädagogik arbeiten, ebenso Waldkindergärten.

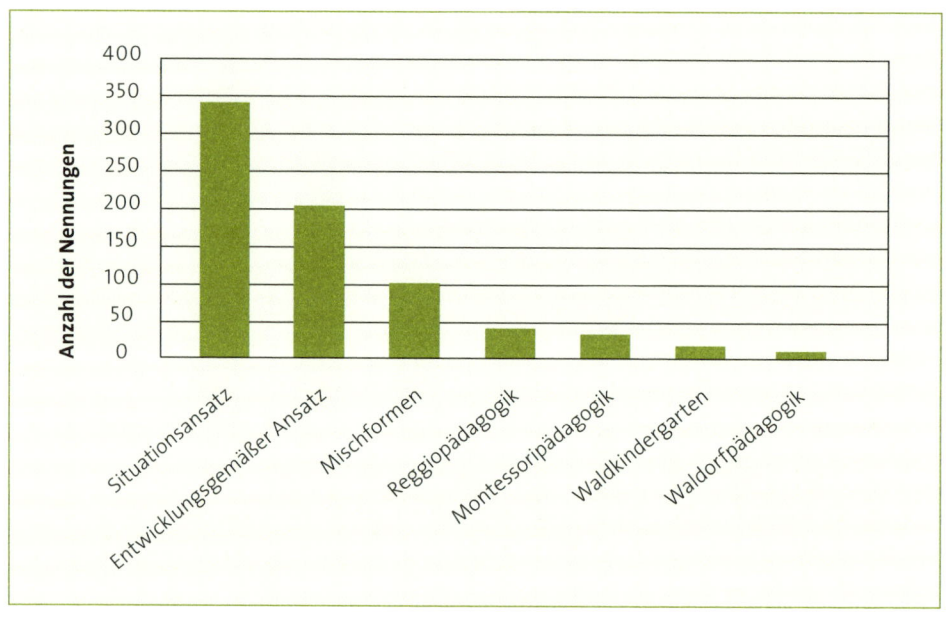

Abbildung 2: Welcher pädagogische Ansatz prägt Ihre Arbeit?
Mehrfachnennungen möglich

Der Vergleich mit den Zahlen aus dem Länderreport und den Daten des statistischen Landesamtes zeigt, dass es mit dieser Online-Befgragung gelungen ist, einen Durchschnitt der niedersächsischen Kindertageseinrichtungen zu repräsentieren. Die in der Kita Landschaft vorhandene Vielfalt konnte eingefangen werden.

> Die Besonderheiten von Tageseinrichtungen für Kinder bilden sich nicht lediglich durch eine heterogene Trägerlandschaft ab, sondern werden auch durch das Nebeneinander verschiedenster pädagogischer Ansätze geprägt.

2.2 Das einzelne Kind im Blick

Der Fokus der Online-Befragung liegt auf dem Thema „individuelle Förderung". Dieser Begriff wird heute vielseitig verwendet und ist nicht eindeutig definiert, wie in der einleitenden Auseinandersetzung dazu bereits dargestellt wurde. Da wissenschaftliche Studien zu individueller Förderung in der Elementarpädagogik noch weitestgehend ausstehen, haben wir die Fachkräfte in den Kitas gefragt, was sie unter dem Begriff verstehen.

Bei der Online-Befragung konnten die Teilnehmerinnen in offener Form ihr Verständnis von individueller Förderung formulieren. In der Auswertung ließen sich die Antworten in drei Kategorien bündeln. Die Äußerungen, die jeweils zusammengefasst wurden, fußen auf verschiedenen Begründungszusammenhängen und unterscheiden sich in ihrem Abstraktionsgrad. Diese drei, im Folgenden näher beschriebenen Kategorien stellen eine grobe Schematisierung der Daten dar.

Der Entwicklungsstand beziehungsweise die Bedürfnisse der Kinder sind für etwa zwei Drittel der Erzieherinnen der Ausgangspunkt der individuellen Förderung. Beispielhafte Aussagen hierfür sind:

„Die pädagogische Arbeit auf Bedürfnisse, Interessen, Kompetenzen und individuelle Entwicklungsverläufe der Kinder abzustimmen."
„Das Kind da abholen, wo es steht."

Die hier formulierte Prämisse enthält den Gedanken, dass der Förderung eine wie auch immer geartete Beobachtung und Diagnostik vorausgehen muss. Die Fachkraft muss den aktuellen Entwicklungsstand bzw. die Bedürfnisse der Kinder feststellen, um dann entsprechend zu fördern. Die damit verbundene Diagnostik ist eher implizit in den Aussagen enthalten:

> *„Das Kind entsprechend seiner persönlichen Fähigkeiten und seines persönlichen Entwicklungsstands fördern – es dort abholen, wo es steht."*
> *„[...] speziell auf das Kind abgestimmte pädagogische Maßnahmen, in Zusammenarbeit mit den Eltern."*

Die Befragten beschreiben selten, wie sie die Kenntnisse über den aktuellen Entwicklungsstand des Kindes erheben. Ebenfalls unklar bleibt die theoretische Verortung, also welche Erklärungszusammenhänge sie im Hintergrund haben oder für die Interpretation ihrer Diagnostik nutzen. Die fördernde und diagnostizierende Person bleibt im Hintergrund.

In vielen Aussagen werden Stärken und Schwächen der Kinder gleichermaßen fokussiert:

> *„Das Kind da abholen, wo es steht und zur höchstmöglichen Entwicklungsstufe altersentsprechend und ohne Überforderung zu bringen."*
> *„Stärken/Begabungen erkennen und gezielte Angebote unterbreiten, d.h. auch: über die Stärken an die Schwächen – gute Beobachtung der Kinder und dementsprechende Angebote von entwicklungsfördernden Materialien – Elternpartnerschaft."*

Beschrieben wird dieser Ablauf von Diagnose und der darauf folgenden zielgerichteten Förderung eher abstrakt. Konkrete Maßnahmen werden weniger benannt. Bei den Aussagen innerhalb dieser Kategorie fällt auf, dass zum Teil pädagogische Allgemeinplätze wiedergegeben werden.

Das verbleibende Drittel der Antworten ist etwa zu gleichen Teilen zwei weiteren Begründungszusammenhängen zuzuteilen. In einer Gruppe wird individuelle Förderung ganz abstrakt auf der Basis des

Menschenbildes beschrieben, in der anderen werden hingegen ganz konkrete und handlungsorientierte Aussagen getroffen.

Am Menschenbild orientierte Aussagen sind durch die Schlüsselworte Persönlichkeit, Menschenwürde und Kinder als Geschöpfe Gottes gekennzeichnet. In dieser Kategorie werden weniger konkrete Konzepte oder Ziele individueller Förderung benannt, die Kernaussage ist vielmehr, dass das Menschenbild dazu verpflichte, individuell zu fördern. Wie zum Beispiel:

„In der Erziehung zu einem sozialen Menschen ist es wichtig, den Menschen als einen solchen zu behandeln, während wir gleichzeitig den Mut des Kindes stärken, ein individueller Mensch sein zu dürfen. Jedes Kind soll sich angenommen, geborgen und ernstgenommen fühlen."
„Jedes Kind ist ein Geschenk Gottes und somit einzigartig. Jeder Mensch macht seine eigene Entwicklung in seinem ihm eigenen Tempo. Dieses gilt es zu erkennen und zu respektieren."

In den Aussagen dieser Gruppe werden kaum Bezüge zur konkreten Arbeit hergestellt. Die Bezugsgröße ist das Menschenbild beziehungsweise das Bild vom Kind und von der Kindheit:

„Wertschätzung und Anerkennung jedes Kindes in seiner Einmaligkeit."

In den Argumentationszusammenhängen dieser Kategorie kommt häufig eine Ressourcenorientierung zum Ausdruck:

„Jedes Kind als ein Geschöpf Gottes sehen. Jeder Mensch ist wertvoll mit all seinen Begabungen und Schwächen. Ressourcenorientiertes Arbeiten."
„Ich sehe das Kind als einzigartige Persönlichkeit und setzte bei seinen Fähigkeiten an und nicht bei seinen Schwächen."

Die konkreten und handlungsorientierten Aussagen zeichnen sich dadurch aus, dass kaum Abstraktionen oder Verallgemeinerungen vorgenommen werden. Individuelle Förderung wird als konkrete Handlung beschrieben:

„Stärkung der Persönlichkeit, Kleingruppenarbeit, gezielte Lernangebote, Einzelförderung (z.B. Sprachförderung)."
„Durch das Schreiben von Bildungs- und Lerngeschichten arbeiten wir den besonderen Interessenschwerpunkt und die Lernstrategien der Kinder heraus. Aus diesen Erkenntnissen entstehen Projekte und Angebote, die sowohl individuell fördern [...]"
„Intensive Einzelarbeit und Kleingruppenarbeit mit Projektcharakter."

Manchmal wird individuelle Förderung auch in den Kontext der verschiedenen Bildungsbereiche gestellt, wie sie beispielsweise im Orientierungsplan für Bildung und Erziehung im Elementarbereich niedersächsischer Tageseinrichtungen für Kinder zu finden sind:

„Persönlichkeitserziehung, Bewegungserziehung, mathematische Erziehung, Entwicklung von Lebensfreude, musikalische Erziehung, Spracherziehung, Natur-und Sachbegegnung, religiöse Erziehung, gesundheitliche Erziehung und Bildung, soziale Erziehung, kreative Erziehung [...]".

Zusammenfassend lässt sich festhalten, dass der direkte Blick auf das einzelne Kind für die Fachkräfte grundlegend ist. Dieser offene Blick bildet den Ausgangspunkt ihrer täglichen pädagogischen Arbeit. Damit ist noch nichts darüber ausgesagt, in welche (subjektiven) Theorien dieser Blick eingebettet ist. Die Orientierung am einzelnen Kind lässt Raum für verschiedenste pädagogische Positionen. Da ca. zwei Drittel der Aussagen der zuerst beschriebenen Kategorie zugeordnet werden können, bedeutet das, dass die Fachkräfte die individuelle Förderung stark mit den Bedürfnissen und dem Entwicklungsstand des Kindes verbinden. Individuelle Förderung erscheint somit eher als pädagogische Grundhaltung denn als Methode.

Ziele und Bedingungen des Gelingens individueller Förderung

Im Anschluss an die zuvor bearbeitete Frage, was sie persönlich unter individueller Förderung verstehen, sollten die Fachkräfte drei **Ziele individueller Förderung** nennen. Auch dies konnte in freien Formulierungen geschehen. Bei der Auswertung dieser Frage war es möglich, die zuvor entwickelte Schematisierung aufzunehmen, weiterzuentwickeln und zu spezifizieren. Auffallend ist – und das schließt an die Beschreibung dessen an, was Erzieherinnen unter individueller Förderung verstehen –, dass neben konkreten Zielen in Form von Fertigkeiten und Fähigkeiten oftmals auch Bedingungen genannt werden, unter denen individuelle Förderung gelingen kann. Das ist beispielsweise der Fall bei den Aussagen, die wir unter dem Begriff *Beziehungen* zusammengefasst haben. Hier wird eine gelungene und vertrauensvolle Beziehung als Basis individueller Förderung verstanden. In anderen Aussagen wird der Ausgangspunkt individueller Förderung benannt. Darunter fällt das Bild vom Kind als Gestalter seiner Entwicklung oder gehören auch die Aussagen, die zum Bereich *Kompetenzen der Erzieherin* zusammengefasst werden. Diesbezüglich machen die Fachkräfte deutlich, dass es professioneller Handlungskompetenz bedarf, um angemessen individuell fördern zu können. Demnach werden oftmals keine konkreten Ziele individueller Förderung benannt, sondern Voraussetzungen oder Bedingungen individueller Förderung. Vielleicht wird durch diese eigenwillige Art, auf die Frage nach Zielen individueller Förderung zu antworten, deutlich, dass individuelle Förderung als andauernder Prozess verstanden wird und nicht als Methode, durch deren Einsatz ein fassbares Ziel erreicht werden kann.

Die von den Pädagoginnen formulierten Ziele individueller Förderung konnten wir in insgesamt elf Kategorien zusammenfassen. In der folgenden Darstellung sind die Ergebnisse des zuerst genannten Ziels der individuellen Förderung dargestellt.

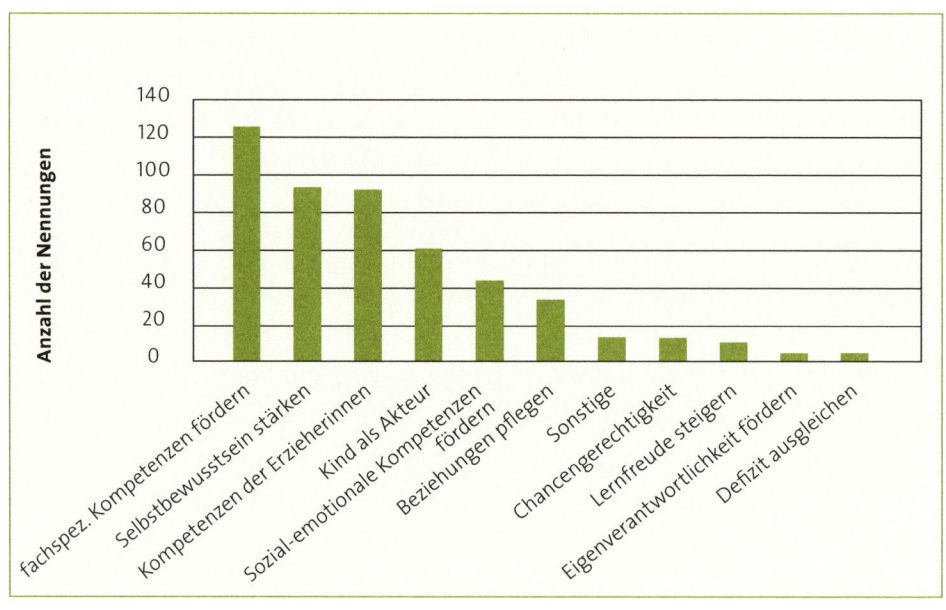

Abbildung 3: Bitte nennen Sie die drei für Sie wichtigsten Ziele individueller Förderung.

In der am häufigsten genannten Kategorie **fachspezifische Kompetenzen der Kinder fördern** werden die Antworten gebündelt, in denen die Förderung von Fähigkeiten benannt wird. Darunter fallen Aussagen, die sich direkt auf die Schulfähigkeit beziehen, wie zum Beispiel: *„Vorbereitung auf die Schule"*. Außerdem finden sich viele Aussagen, die auf den Teilbereich Sprache fokussieren (*„gezielte Sprachförderung"*). Es werden auch andere Bereiche wie Bewegung oder die Förderung kognitiver Kompetenzen genannt. Interessanterweise sind außerdem Angaben zu finden, die sich direkt auf die aktuelle Diskussion in der Elementarpädagogik zurückführen lassen wie *„lernmethodische Kompetenzen des Kindes fördern"* oder *„das Lernen lernen"*.

Als zweitstärkste Kategorie sind Ziele genannt, die auf die **Stärkung des Selbstbewusstseins** des Kindes abzielen. Folgende Aussagen sind exemplarisch für die in dieser Kategorie zusammengefassten Antworten: *„Stärkung des Selbstvertrauens und des Selbstbewusstseins"*, *„ Das Kind soll sich als Person akzeptiert fühlen (Selbstwertgefühl aufbauen)"*, *„Das Kind wird sich seiner eigenen Stärken bewusst. Ich-Kompetenz"*.

An dritter Stelle rangiert die Kategorie **Kompetenzen der Erzieherin** als Voraussetzung. In diesen Aussagen wird der Standpunkt formuliert, von dem aus die Fachkräfte die individuelle Förderung der Kinder aufnehmen. Die Erzieherin wird als Handelnde sichtbar. Kernelemente dieser Aussagen sind beispielsweise *„gezielte Entwicklungsförderung"*, *„Einschätzung der kindlichen Entwicklung"* und *„Fachlichkeit des Personals"*.

In der Kategorie **Kind als Akteur** sind die Aussagen zusammengefasst, in denen deutlich wird, dass das Kind im Mittelpunkt steht und als aktiver Gestalter seiner Entwicklung verstanden wird. Beispiele für Aussagen dieser Art sind: *„Das Kind ist Akteur seiner eigenen Entwicklung"* oder *„bewusste Selbstwirksamkeit"*.

Die Förderung der **sozial-emotionalen Kompetenzen der Kinder** wurde in einer eigenen Kategorie erfasst und nicht den fachspezifischen Kompetenzen der Kinder zugeordnet. Denn sozial-emotionale Kompetenzen sind eher als grundlegende Fähigkeiten zu betrachten. Erst wenn hier ein gewisser Grad in der Entwicklung erreicht ist, können fachspezifische Kompetenzen in Erscheinung treten und die Gemeinschaft bereichern. Sozial-emotionale Kompetenzen stehen in engem Zusammenhang mit der Entwicklung des Selbstbewusstseins, dieser Punkt wird ebenfalls eigens kategorisiert.

Aus unserer Sicht bemerkenswert ist, dass 34 Personen als wichtigstes Ziel individueller Förderung die **Gestaltung der Beziehung zwischen Kind und Erzieherin** genannt haben. Eine gelungene Beziehung oder auch eine gute Beziehungsqualität ist diesen Fachkräften ein besonderes Anliegen. Schlüsselbegriffe für diese Kategorie sind: ernst nehmen und Wertschätzung. Als exemplarische Aussagen seien folgende genannt: *„das einzelne Kind in seiner Persönlichkeit ernst nehmen und respektieren"*, *„Wertschätzung der Persönlichkeit des Kindes"* und *„das Kind soll sich wohlfühlen und Vertrauen zu der Erzieherin haben"*.

Unter die Kategorie **Lernfreude** fallen Aussagen wie: *„Lernfreude entwickeln"*, *„Lernfreude erhalten"* oder ausführlicher *„Kinder entwickeln Spaß am Lernen, neue Erfahrungen zu sammeln, bleiben neugierig"*. Die Aussagen dieser Kategorie reichen von Zielen, in denen konkrete Inhalte fokussiert werden, wie z.B. *„Interesse für Zahlen und Mengen wecken"*, bis hin zu recht allgemeinen Aussagen, die beispielsweise die kindliche Neugier betreffen.

In der Kategorie **Defizit ausgleichen** sind Aussagen versammelt, die als Ziel der individuellen Förderung ausdrücklich den Ausgleich von Defiziten benennen. Die geringe Fallzahl von acht war für uns eine Überraschung. Da zum Beispiel eine Vielzahl der standardisierten Beobachtungsinstrumente eher defizitorientiert ist, hätten wir hier mit einer deutlich höheren Ausprägung gerechnet. Ebenfalls selten finden sich Aussagen zur **Chancengerechtigkeit** und zur **Eigenverantwortlichkeit** der Kinder.

Ähnlich wie das von den Fachkräften formulierte Verständnis individueller Förderung ist die Nennung der Ziele durch einen unterschiedlichen Abstraktionsgrad in den Antworten gekennzeichnet. Die an dieser Stelle am häufigsten genannten Ziele, die Förderung fachspezifischer Kompetenzen, stehen für eine Sichtweise, die auf Inhalte fokussiert, also wenig abstrakt ist. Aussagen, die sich auf die Stärkung des Selbstbewusstseins beziehen und die die Aktivität des Kindes in den Mittelpunkt stellen, sind recht abstrakt formuliert. Die Gemeinsamkeit dieser Ziele der individuellen Förderung liegt darin, dass „vom Kind aus" argumentiert wird. Die Antworten, die in der Kategorie Kompetenzen der Erzieherin zusammengefasst sind, begründen sich auf ein Konzept von der Erzieherin als professionell Handelnde. Ihre Professionalität zeigt sich beispielsweise in ihrer Fähigkeit, die Lernumgebung zu gestalten oder unterstützend einzugreifen, wenn dies erforderlich ist. Das setzt ein Wissen um die Entwicklung von Kindern ebenso voraus, wie die Fähigkeit, auf der Basis von Beobachtungen die entsprechenden Handlungen ableiten zu können. In ähnlicher Weise gilt dies auch für die Kategorien Beziehung und Lernfreude: Hier sind Bedingungen genannt, die die Möglichkeiten der Kinder Lernerfahrungen zu machen positiv beeinflussen.

> Insgesamt ist in den Aussagen der Erzieherinnen ein konstruktivistisches Bild vom Kind zu erkennen: Das Kind wird als aktiver Gestalter seiner eigenen Entwicklung verstanden.

2.3 Ebenen individueller Förderung in den Tageseinrichtungen

Positionen zu individueller Förderung

Über 90% der Teilnehmerinnen der Online-Befragung arbeiten in Einrichtungen, die über ein schriftliches Konzept verfügen. Mehr als 84% geben an, dass Aspekte individueller Förderung in diesem Konzept festgehalten sind. Auch die Frage danach, ob in der jeweiligen Einrichtung individuell gefördert wird, wird zu über 90% mit „Ja" beantwortet.

Demnach lässt sich in einem ersten Schritt festhalten, dass das Thema individuelle Förderung in der Elementarpädagogik bereits Einzug gehalten hat und offenbar auch umgesetzt wird.

Aus Sicht der pädagogischen Fachkräfte ist die individuelle Förderung von verschiedenen Faktoren abhängig. Entscheidend sind die Professionalität der Fachkräfte und die Bedingungen in den Einrichtungen. Gleichzeitig wirkt die individuelle Förderung direkt auf das einzelne Kind, aber auch auf die Fachkraft und damit nicht zuletzt auf die Qualität der Einrichtung. Es gibt also Bedingungen und Wirkungen auf drei Ebenen: Kind, Erzieherin und Einrichtung.

Nach Meinung der Befragten ist individuelle Förderung nicht durch eine Fachkraft alleine zu gewährleisten, sondern bedarf der Kooperation. Hier wird die Zusammenarbeit mit den Eltern ebenso erwähnt wie die Zusammenarbeit im Team.

Im folgenden Diagramm wird veranschaulicht, welche Aspekte die Erzieherinnen als bedeutsam für individuelle Förderung erachten. Der Mittelwert zeigt, wie die Pädagoginnen die genannten Aussagen bewerten. Die Skala der Antwortmöglichkeiten reicht von *stimme gar nicht zu* über *stimme eher nicht zu* und *stimme eher zu* bis hin *zu stimme voll und ganz zu.*

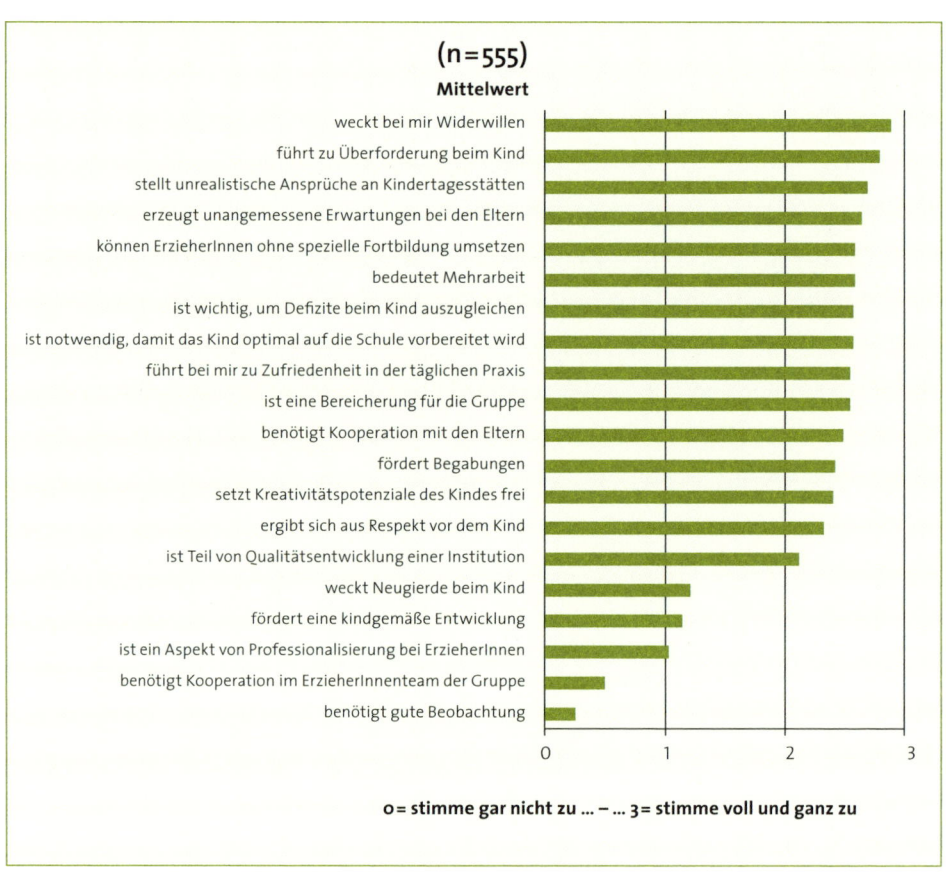

Abbildung 4: Wie beurteilen Sie aufgrund Ihrer Erfahrungen folgende Aussagen zur individuellen Förderung in Kindertageseinrichtungen? Individuelle Förderung …

Eine gute Beobachtung stellt nach Einschätzung der Fachkräfte die Basis der individuellen Förderung dar. Positiv konnotierte Aussagen zu individueller Förderung, wie *„fördert die kindgemäße Entwicklung"* oder *„weckt Neugierde beim Kind"*, finden breite Zustimmung. Insofern ist davon auszugehen, dass individuelle Förderung als etwas betrachtet wird, das sich positiv auf das Kindergartenkind auswirkt. Um individuell fördern zu können, brauchen die Erzieherinnen fachliche Kompetenzen, die durch gute Kommunikationsstruktur in den Einrichtungen gestützt werden. Absprachen innerhalb des Teams der Gruppe, des gesamten Teams und auch mit den Eltern müssen getroffen werden.

Es entsteht der Eindruck, dass individuelle Förderung von den Erzieherinnen hoch geschätzt wird und in den Einrichtungen auch stattfindet. Auf die Frage, ob die individuelle Förderung eines jeden Kindes in der Gruppe möglich sei, antworten jedoch 230 Personen mit „Nein". 177 Erzieherinnen halten individuelle Förderung für alle Kinder in der Gruppe für möglich und 145 geben an, sich nicht sicher zu sein.

In offener Form konnten die Bedingungen angegeben werden, die nach Meinung der Fachkräfte individuelle Förderung in den Einrichtungen eher ermöglichen oder aber verhindern. Gute organisatorische Strukturen und Bedingungen in der Einrichtung, wie die (geringe) Gruppengröße und die besonderen Qualifikationen der Mitarbeiterinnen, gelten als Voraussetzung für das Gelingen. Der Zweifel an der Umsetzbarkeit individueller Förderung gründet eher auf Mängeln in den Rahmenbedingungen. Um ein deutlicheres Bild der Situation in den Einrichtungen zu erhalten, wurden vertiefende Fragen zu diesen Aspekten in die qualitativen Interviews aufgenommen.

> Obwohl die Fachkräfte der individuellen Förderung zu großen Teilen positiv gegenüber stehen, haben sie dennoch Zweifel, dass sie in der täglichen Praxis für jedes Kind umzusetzen ist. Als Gründe, die sie eher erschweren oder verhindern, werden die mangelnden personellen Ressourcen, die Gruppengröße und zeitliche Gründe genannt.

Beobachtung und Dokumentation – Basis individueller Förderung
Basis einer gelungenen individuellen Förderung sind Beobachtung und Dokumentation. Auf dieser Grundlage wird entschieden, wer, wie und in welchen Bereichen gefördert werden könnte oder sollte. Doch ist zu bedenken, dass Beobachtung nie vollständig, fehlerfrei oder wertungsfrei ist. Beobachtung enthält immer schon die Interpretation des Beobachters, findet von einem bestimmten Blickwinkel aus statt.

Praktiziert werden zwei Formen der standardisierten Beobachtung: die Bildungsbeobachtung und die Entwicklungsbeobachtung. Bei der

Bildungsbeobachtung geht es darum, die (Selbst-)Bildungsprozesse der Kinder zu erfassen und zu beschreiben. Mit der Entwicklungsbeobachtung soll der Entwicklungsstand des Kindes erhoben werden, um frühzeitig eventuell vorhandene Entwicklungsverzögerungen oder Entwicklungsdefizite aufzudecken. Die Fachkräfte in den Kitas nutzen neben ihren häufig sehr reflektierten Alltagsbeobachtungen standardisierte Tests und Verfahren. Aber auch diese verschiedenen Beobachtungsbögen basieren auf bestimmten Vorannahmen. Die Verfahren, mit denen der Entwicklungsstand erhoben wird, orientieren sich an entwicklungspsychologischen Erkenntnissen, deren Herkunft nicht immer eindeutig nachzuvollziehen ist. Ihnen liegt somit das Konstrukt eines „Normkindes" zugrunde. Mit solchen standardisierten Verfahrenen kann erhoben werden, in welchen Bereichen die Kinder (noch) nicht der festgelegten Entwicklungsnorm entsprechen. Diese Verfahren sind als defizitorientiert zu bewerten (vgl. Hohaus/Meißner-Trautwein/Rintelmann o.J.).

Die Bedeutung der Beobachtung wird auch von den Teilnehmerinnen unserer Studie herausgestellt. Für unsere Forschung ist es eine wichtige Frage, ob und wie es den Erzieherinnen gelingt, in der Praxis das einzelne Kind in den Blick zu nehmen. Welche Orientierung steht bei den Fachkräften im Vordergrund, die Defizitorientierung oder die Ressourcenorientierung?

Wir fragten die Teilnehmerinnen der Online-Befragung nach ihrer Einschätzung hinsichtlich ihrer Fähigkeiten, Ressourcen sowie Defizite der Kinder zu erkennen. Darüber hinaus sollten sie die Fähigkeiten ihrer Kolleginnen einschätzen. Die Fachkräfte attestieren sich und ihren Kolleginnen sowohl ein gutes bis sehr gutes Vermögen, sowohl die Ressourcen als auch den Förderbedarf eines Kindes zu erkennen (jeweils über 80% der Befragten). Damit schätzen die Pädagoginnen ihre Fähigkeiten in Beobachtung und Diagnostik, diesen wichtigen Bereichen ihrer Profession, hoch ein.

Gefragt nach den verwendeten Verfahren oder Tests ist auffallend, dass offene Beobachtungsformen und eigene Verfahren weitaus häufiger angewendet werden als standardisierte. Was lässt sich daraus schließen? Trauen die Fachkräfte sich selbst mehr zu als den angebotenen Tests und Verfahren oder sind diese (noch) nicht in den Alltag integriert? Sind die Tests und Verfahren vielleicht nicht für die pädagogische Praxis geeignet? Mangelt es den Erzieherinnen möglicherweise an Wissen um die verschiedenen Verfahren? Diesen wichtigen Fragen wird im qualitativen Teil der Studie vertiefend nachgegangen.

Die Häufigkeit der Verwendung der verschiedenen Verfahren und Tests wird im folgenden Diagramm im Mittelwert dargestellt. Werte zwischen 0 und 1 bedeuten, dass die jeweiligen Verfahren nie bis selten eingesetzt werden, Werte zwischen 2 und 3 stehen für eine regelmäßige bis sehr häufige Nutzung.

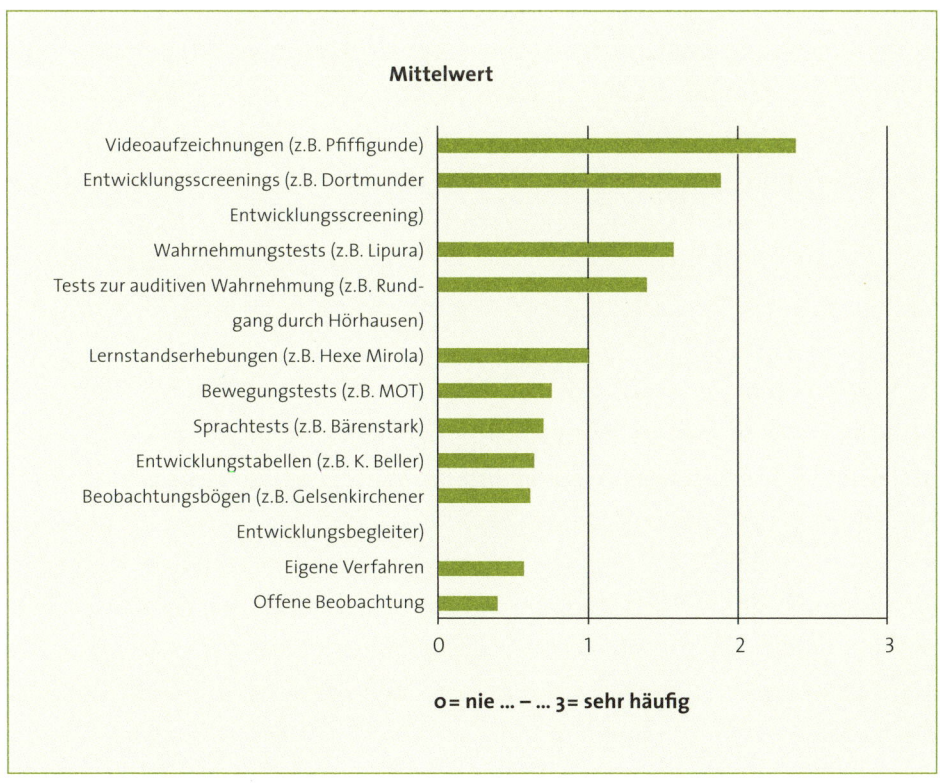

Abbildung 5: Wie häufig setzen Sie persönlich folgende Verfahren oder Tests ein?

Sowohl die Anwendung standardisierter als auch eigener oder offener Verfahren der Beobachtung sind alleine noch nicht ausreichend. Die Beobachtungen müssen systematisiert und ausgewertet werden. Es muss also eine Dokumentation erfolgen. Welche Möglichkeiten hierfür genutzt werden, wird durch die folgende Grafik sichtbar.

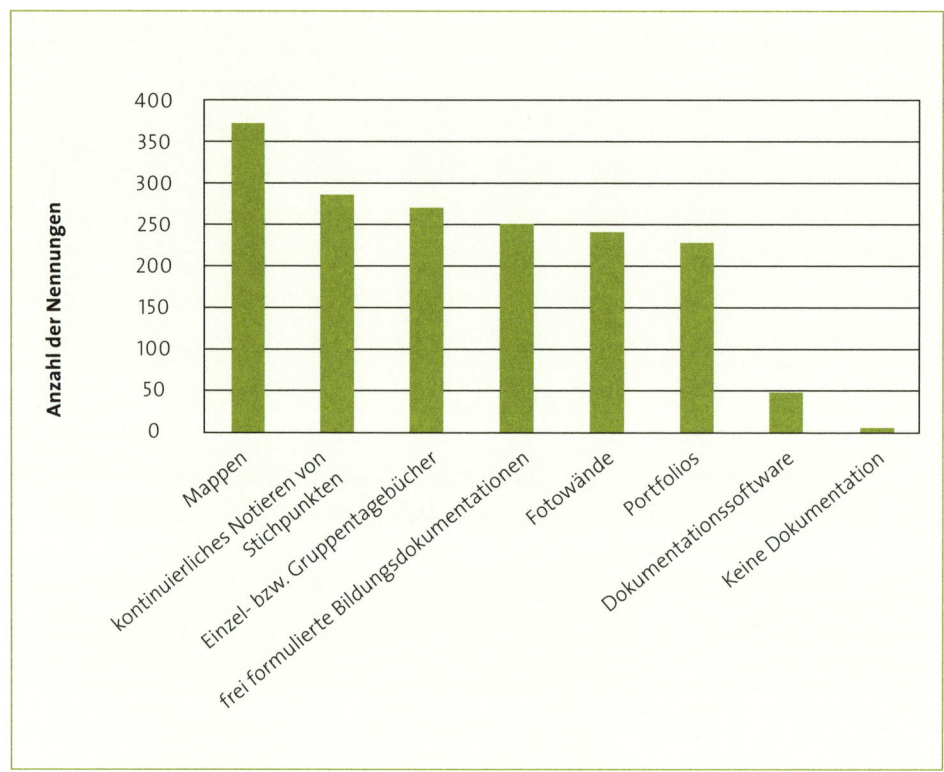

Abbildung 6: Wie halten Sie in Ihrer Einrichtung den Entwicklungsstand bzw. Entwicklungsverlauf eines jeden Kindes fest? Mehrfachnennungen möglich

Es wird deutlich, dass die meisten Fachkräfte mehrere Möglichkeiten nutzen, die Ergebnisse ihrer Beobachtungen festzuhalten. Wie schon bei den verwendeten Verfahren wird auch hier deutlich, dass individuelle Lösungen und Vorgehen bevorzugt gewählt werden. Die Erzieherin oder das Team entscheidet also selbst, wie beobachtet und dokumentiert wird. Aus den Antworten geht noch nicht hervor, in welcher Art und Qualität dokumentiert wird. Interessant ist hier zu erfahren, an welche Theorien die Fachkräfte sich bei der Interpretation der Beobachtung anlehnen, und ob es sich bei den Mappen, notierten Stichpunkten und Tagebüchern lediglich um die Niederschrift von Beobachtungen handelt oder ob auch deren Reflexion und Interpretation festgehalten wird. Dieser Aspekt bekommt in den Interviews mit den Erzieherinnen einen großen Stellenwert.

Durchführung und Reflexion – Praxis individueller Förderung
Mit dem Antwortverhalten der Befragten unserer Online-Studie wird eine Praxis abgebildet, in der der Kindergartenalltag durch vielfältige Angebote und die Anwendung verschiedener Methoden gestaltet ist. Die Fachkräfte haben sich zu verschiedensten Themenbereichen fortgebildet. Wie das dort erworbene Wissen in die Praxis transformiert wird und in welcher Beziehung es zur individuellen Förderung steht, versuchten wir über einen Fragekomplex hinsichtlich der Kommunikationskultur innerhalb der Einrichtungen zu erheben. Konkret geht es darum zu erfragen, ob strukturelle Bedingungen für den Austausch gegeben sind und ob die Fachkräfte diesen gegebenenfalls nutzen können oder auch wollen.

Auf die Frage, ob in der Einrichtung regelmäßig ein Austausch zur individuellen Förderung stattfindet, antworteten über 90% der Befragten mit „Ja". Mehr als die Hälfte dieser Gruppe hat hierfür in der Einrichtung einen festen Termin vorgesehen. Die verbleibenden Teilnehmerinnen der Studie führen informelle Gespräche.

Die Entscheidung, welches Kind in einer Einrichtung wie gefördert wird, ist im nächsten Diagramm veranschaulicht. Als häufigste Angabe findet sich, dass das Team der Gruppe gemeinsam mit der Leitung der Einrichtung für die Auswahl zuständig ist. An dieser Stelle sei daran erinnert, dass der Fragebogen überwiegend von Einrichtungsleitungen ausgefüllt wurde.

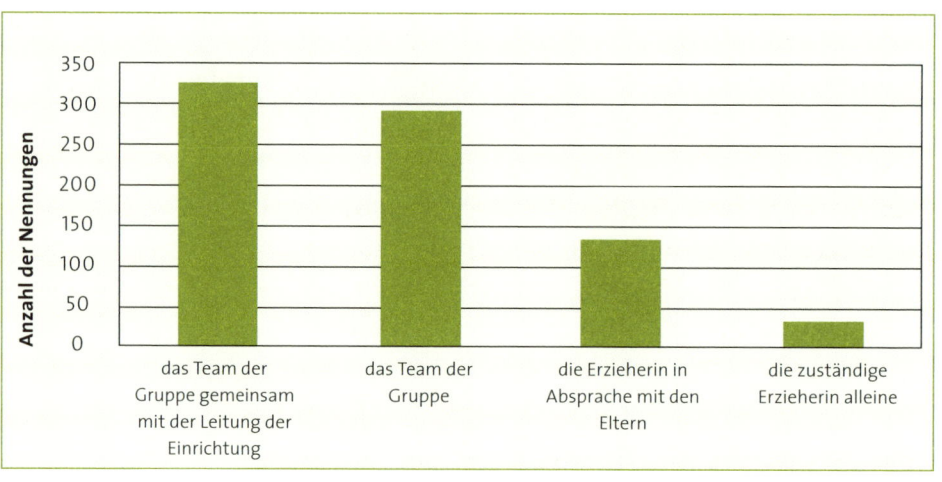

Abbildung 7: Die Entscheidung, welches Kind wie gefördert wird, trifft in Ihrer Einrichtung …
Mehrfachnennungen möglich

Wie und von wem der Entwicklungsverlauf des Kindes reflektiert wird, ist ein weiterer wichtiger Aspekt individueller Förderung. Obliegt dieser Bereich der jeweiligen pädagogischen Fachkraft alleine oder gibt es auch hier Formen des Austauschs im Team, mit den Eltern oder/und mit dem Kind? Auch hier geben mehr als 90% der Befragten an, dass das Ergebnis der Förderung im Team besprochen wird. In gut 54% der Fälle stehen hierfür feste Termine zur Verfügung, in den anderen Fällen findet der Austausch in informeller Form statt.

> Für die Reflexion von Prozessen der Entwicklungsförderung steht für ca. die Hälfte der Fachkräfte keine organisatorische Struktur in den Einrichtungen zur Verfügung! Die Erzieherinnen sind demnach vielfach darauf angewiesen, den fachlichen Rat und Austausch mit den Kolleginnen in den Arbeitsalltag mit den Kindern zu integrieren.

Zur Durchführung und Reflexion gehören neben dem Austausch im Team auch regelmäßige Entwicklungsgespräche mit den Eltern. Fast alle Teilnehmerinnen der Studie geben an, dass die Eltern regelmäßig Informationen über den Entwicklungsverlauf ihrer Kinder erhalten. Für die

Elternarbeit scheinen diesbezüglich verbindlichere Organisationsformen als für die Gespräche im Team etabliert zu sein. Die Rückmeldungen an die Eltern werden zumeist in regelmäßigen Entwicklungsgesprächen gegeben. Zum Teil werden zusätzlich informelle Gespräche geführt. Wenige wählen als Form der Rückmeldung Informationsbriefe an die Eltern.

Die Kinder selbst erhalten etwas seltener Rückmeldungen zu ihrem Entwicklungsverlauf als ihre Eltern. Es sind jedoch auch hier noch 347 von 534 Personen, die angeben, sich mit den Kindern über ihre Entwicklung auszutauschen. Die Verbleibenden tun dies nicht oder nicht regelmäßig. Die Rückmeldung an das Kind erfolgt häufig in Form von Gesprächen oder auch Portfolios. Aber auch Briefe an das Kind und das gemeinsame Anschauen von Mappen oder Ähnlichem sind gängige Formen des Austauschs.

Die Reflexion und Dokumentation zur Überprüfung des eigenen pädagogischen Handelns sowie der Austausch mit Kolleginnen und die Pflege der Erziehungspartnerschaft mit den Eltern muss von den Fachkräften in den Arbeitsalltag integriert werden. Da die Verfügungszeit knapp bemessen ist, kann das für die Pädagoginnen zu einer Gratwanderung werden. Wie viel ihrer Betreuungszeit kann, darf und muss sie für die Reflexion (mit Kolleginnen) und Dokumentation verwenden? Wie viel Zeit geht somit für die unmittelbare Arbeit am Kind verloren?[2]

2.4 Zusammenarbeit zwischen Kindertageseinrichtung und Grundschule

Neben dem Bereich der individuellen Förderung, auf dem der Fokus der Studie liegt, wurden der Übergang vom Kindergarten in die Grundschule und die Zusammenarbeit zwischen beiden Institutionen in den Blick genommen.

---

[2] Die Vorbereitungszeiten der Erzieherinnen variieren je nach Träger der Einrichtung. Sie sind insgesamt eher gering. Im niedersächsischen Gesetz für Tageseinrichtungen (KiTaG) ist beispielsweise ein Mindestumfang von 7,5 Stunden wöchentlicher Verfügungszeit pro Gruppe (nicht pro Fachkraft) festgeschrieben. Zusätzlich sei hier der Hinweis erlaubt, dass in verschiedenen Einrichtungen hierzu neben der Vor- und Nachbereitung, der Zeiten für Teamsitzungen und Elterngespräche, der Anleitung von Praktikantinnen usw. auch die (Teil-)Pflege des Gruppenraumes erledigt werden muss.

Die Teilnehmerinnen der Online-Befragung geben zu über 90% an, mit Grundschulen oder auch mit Förderschulen zusammenzuarbeiten. In freien Formulierungen konnten die Angaben konkretisiert werden, diese Nennungen wurden kategorisiert und ausgewertet. Mehrfachnennungen wurden berücksichtigt. Die Gestaltung gemeinsamer Elternabende oder die Teilnahme an gemeinsamen Fortbildungen wurde rund 300mal genannt. Ähnlich oft wird die Zusammenarbeit in Form von Einzelaktionen wie Projekttagen oder Hospitationen angegeben. Verbindliche Formen der Zusammenarbeit, die zum Beispiel in Kooperationskalendern oder Verträgen festgeschrieben sind, werden ungefähr halb so oft genannt. Immerhin werden von 98 Fachkräften regelmäßige Entwicklungsgespräche als Form der Zusammenarbeit angegeben.

Interessanterweise erklären die Befragten an anderer Stelle zu beinahe 90%, den Entwicklungsstand der Kinder an die aufnehmende Grundschule weiterzugeben. Hier scheint für uns ein Widerspruch auf, der sich auf der Datenbasis des Fragebogens nicht gesichert erklären lässt. In welcher Form findet die Weitergabe statt? Wenn sie in mündlicher Form stattfindet, wird sie dann von den Erzieherinnen nicht als Entwicklungsgespräch verstanden? Möglicherweise erachten die Mitarbeiterinnen der Kitas die Weitergabe des Entwicklungsstandes des Kindes an die Grundschule noch nicht als hinreichend, um sie als Kooperation zu bezeichnen. Im zweiten Teil der Studie, der qualitativen Befragung, wurde diesem möglichen Widerspruch vertiefend nachgegangen.

An spezifischen Projekten zur Gestaltung des Übergangs sind die Einrichtungen von gut der Hälfte der Teilnehmerinnen beteiligt. In 119 Fällen handelt es sich hierbei um die Teilnahme am Brückenjahr.[3] Die Angaben beziehen sich jedoch nicht nur auf Aktionen, die in Zusammenarbeit mit der Institution Schule stattfinden, sondern auch auf Aktionen oder Programme, die Kinder auf den Übergang vorbereiten und beispielsweise in der Einrichtung selbst stattfinden. Zu nennen sind zum

---

3 Das niedersächsische Programm „Das letzte Kindergartenjahr als Brückenjahr zur Grundschule" hat zum Ziel, die Anschlussfähigkeit von Kita und Grundschule zu stärken. Das Programm „Brückenjahr" hat im August 2007 begonnen und wird für vier Jahre gefördert. Es werden zweimal 250 Modellprojekte gefördert (vgl. http://www.nibis.de/nibis.phtml?menid=1962).

Beispiel spezielle Programme oder Aktivitäten nur für die angehenden Schulkinder. Bereits die Beschreibungen, die sich in unseren Fragebögen finden, lassen ein Bild der Vielfalt der Formen der Zusammenarbeit zwischen Kindergarten und Schule und der Schulvorbereitung aufscheinen. Da diese Angaben jedoch nur die Quantität erfassen und noch nichts über ihre Qualität aussagen, haben wir diesen Bereich im qualitativen Teil der Studie stark gewichtet. Auffallend ist weiterhin, dass immerhin sieben Fachkräfte den Fragebogen nutzten, um anzumerken, dass zwar Vereinbarungen bestünden, diese jedoch nicht eingehalten würden. Auch das war für uns ein Anlass, genauer nachzufragen.

Ein konkretes Feld der Zusammenarbeit zwischen den Institutionen haben wir genauer betrachtet: die Sprachfördermaßnahmen in Kooperation mit der Grundschule. Die Anmeldungen zur Einschulung werden derzeit in Niedersachsen gut ein Jahr vor dem Termin der Einschulung durchgeführt. Damit soll Kindern, bei denen ein Mangel sprachlicher Fähigkeiten im Deutschen festgestellt wurde, die Möglichkeit gegeben werden, erfolgreich an Sprachfördermaßnahmen teilzunehmen. Mehr als 16% der Teilnehmerinnen geben an, keine Sprachfördermaßnahmen durchzuführen. Diese Zahl sagt jedoch nichts darüber aus, ob in den betreffenden Einrichtungen kein Bedarf an der Durchführung von Fördermaßnahmen besteht oder ob die Zusammenarbeit mit der Grundschule unzureichend ist. Wie in der nachfolgenden Abbildung gezeigt wird, sind die Erzieherinnen, in deren Einrichtungen diese Sprachfördermaßnahmen durchgeführt werden, zu 34% unzufrieden oder sogar absolut unzufrieden damit.

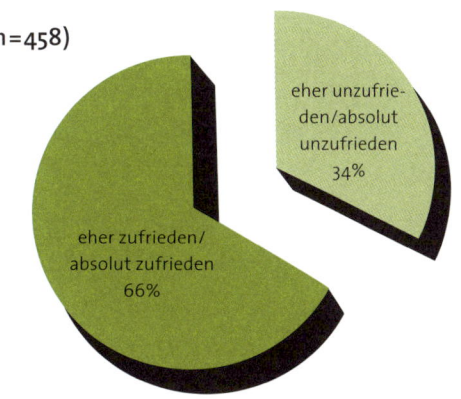

(n=458)

Abbildung 8: Führt Ihre Einrichtung im Jahr vor der Einschulung (eventuell in Kooperation mit der Grundschule) Sprachfördermaßnahmen für Kinder durch, deren Deutschkenntnisse als nicht ausreichend eingestuft wurden? – Wenn ja, wie zufrieden sind Sie mit Art und Umfang der Fördermaßnahmen?

eher unzufrieden/absolut unzufrieden
34%

eher zufrieden/absolut zufrieden
66%

Alarmierend ist, dass die Fachkräfte der Tageseinrichtungen, in deren Einrichtungen Sprachfördermaßnahmen durchgeführt werden, zu rund einem Drittel eher unzufrieden, beziehungsweise absolut unzufrieden sind mit der Art oder dem Umfang dieser Maßnahmen. Aus Sicht der Fachkräfte sind die durchgeführten Sprachfördermaßnahmen demnach nicht hinreichend.

Die Erziehung, Bildung und Betreuung in Tageseinrichtungen für Kinder umfasst deutlich mehr als die Vorbereitung der Kinder auf die Schule. Angestrebt ist eine umfassende Unterstützung der Persönlichkeitsentwicklung der Kinder. Doch vor allem im letzten Kindergartenjahr vor der Einschulung wird von Eltern und Erzieherinnen ein vermehrtes Augenmerk darauf gelegt, ob das jeweilige Kind den Anforderungen des Schulalltags gewachsenen sein wird. So fragten wir nach den drei wichtigsten Zielen der Schulvorbereitung. Diese Frage konnte in offener Form beantwortet werden. Wir bekamen hierauf vielfältige und zum Teil recht umfangreiche Antworten. Sie lassen ein Bild davon entstehen, was die pädagogischen Fachkräfte den Kindern als „Rüstzeug" auf den Weg in die Schule mitgeben wollen. Die Antworten der Erzieherinnen wurden in elf Schwerpunkte kategorisiert. Die meisten Nennungen beziehen sich auf die Stärkung der sozial-emotionalen Kompetenzen der Kinder, viele sind dem Bereich Stärkung des Selbstbewusstseins zuzuordnen, gefolgt von Antworten, die auf das Kind als Akteur, als Gestalter der eigenen Entwicklung fokussieren.

Zusammenfassend lässt sich sagen, dass die Erzieherinnen vor allem Aspekte der Stärkung der Persönlichkeit des Kindes als zentrales Ziel der Schulvorbereitung betrachten.

Wir fragten auch danach, was die Erzieherinnen denken, was die Lehrkräfte von ihnen im Hinblick auf Schulvorbereitung erwarten. Glauben sie, dass die Lehrerinnen die gleichen Ziele wie sie für wichtig erachten? Auch diese Antworten bündelten wir in Kategorien. Die Erzieherinnen erwarten bei den Lehrerinnen eine Einstellung, die fachspezifischen

Kompetenzen und einem angemessenen schulischen Verhalten ein stärkeres Gewicht beimisst als Aspekten der Persönlichkeitsentwicklung der Kinder. In dem Bereich fachspezifische Kompetenzen fallen Aussagen, die sich direkt auf Fähigkeiten der Kinder in bestimmten Bereichen beziehen, wie zum Beispiel in den Naturwissenschaften, der Sprache oder auch der Mathematik. In der Kategorie schulisches Verhalten sind Ziele der Schulvorbereitung zusammengefasst wie beispielsweise: zuhören, abwarten, still sitzen können und auch Disziplin.

Hier wird ein Widerspruch deutlich zwischen dem, was die pädagogischen Fachkräfte in den Kitas tun und dem, was sie glauben, was die Grundschullehrerinnen an Schulvorbereitung wichtig finden. Zur Veranschaulichung dient das folgende Diagramm, dargestellt ist jeweils das erstgenannte Ziel.

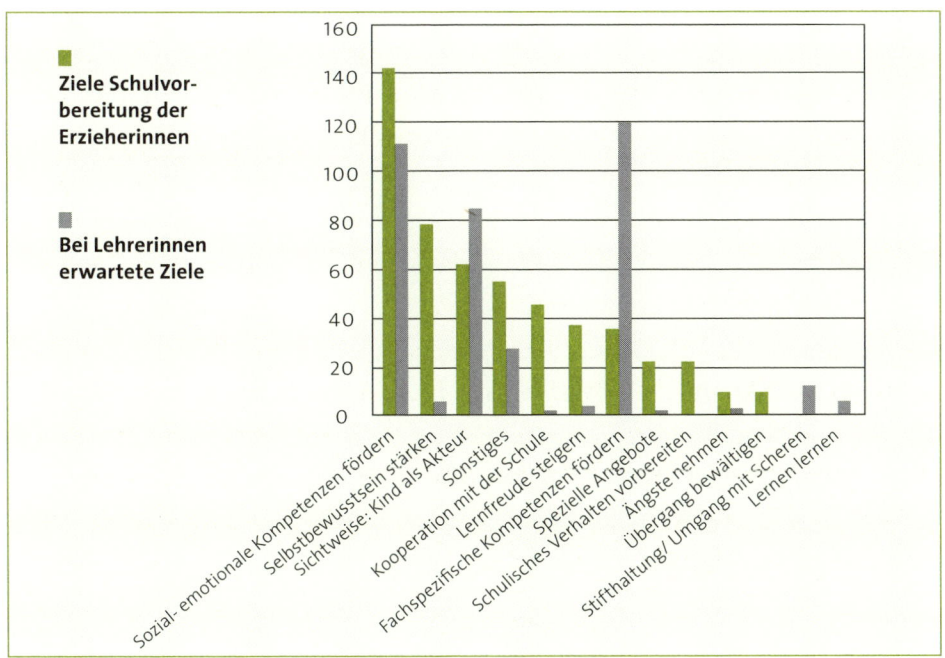

Abbildung 9: Bitte nennen Sie aus Sicht von Kindertageseinrichtungen die drei wichtigsten Kriterien der Schulvorbereitung. – Und: In welchen Bereichen erwarten die Grundschulen Ihrer Meinung nach die intensivste Vorarbeit von Kindertageseinrichtungen in Hinblick auf Schulvorbereitung?

Die Kooperation mit den Lehrerinnen und das Vorhandensein gemeinsamer Ziele für das Kind im Prozess des Übergangs ist den Erzieherinnen ein besonders Anliegen. Jedoch ist dies noch nicht ausreichend erfüllt, denn:

> Die Erzieherinnen gehen davon aus, dass ihre eigenen Ziele der Schulvorbereitung sich nicht mit denen der Lehrkräfte in den Schulen decken. Während ihre Zielsetzung sich eher auf die Stärkung der Persönlichkeit bezieht, antizipieren sie bei den Lehrerinnen eine stärkere Gewichtung der Fähigkeiten der Kinder, die direkt auf die Bewältigung des Unterrichtsgeschehens zielen.

Gefragt nach den Bedingungen, die eine gelungene Zusammenarbeit zwischen Kindertageseinrichtung und Grundschule auf lange Sicht ermöglichen würden, antworten die Fachkräfte aus den Kindertageseinrichtungen, dass das Gelingen in erster Linie von der Einstellung der jeweiligen Akteure abhänge. Gemeinsame Ziele und auch Aktionen und Veranstaltungen könnten die Zusammenarbeit fördern, dafür würden jedoch auf beiden Seiten veränderte Rahmenbedingungen benötigt. Bessere materielle und zeitliche Ressourcen sind für eine bessere Kooperation unabdingbar.

> Als ein Ergebnis der Online-Befragung lässt sich zunächst festhalten, dass erste Schritte der Zusammenarbeit schon getan sind, diese aber sehr verschieden aussehen. Da die Fachkräfte der Tageseinrichtungen annehmen, dass die Lehrerinnen ganz andere Schwerpunkte in der Vorbereitung der Kinder für die Schule erwarten, als sie selber setzen, lässt sich jedoch erahnen, wie viel enger die Zusammenarbeit noch werden muss.

2.5 Einstellungen zu individueller Förderung

Eine große Anzahl der Teilnehmerinnen der Online-Befragung gibt an, dass individuelle Förderung in den Konzepten verankert sei und dass auch individuell gefördert würde. Viele äußern sich jedoch kritisch, wenn es um die Möglichkeit geht, jedes einzelne Kind der Gruppe individuell zu fördern. Was steckt hinter den Einzelaussagen? Welche weiteren Schlüsse lassen sich daraus ziehen?

Um hier zu weiteren Erkenntnissen zu gelangen, wurden ergänzende Analyseverfahren angewendet. Mit Hilfe einer errechneten Bewertungsachse wurden zwei Pole zur Gruppenbildung gebildet, nämlich individueller Förderung positiv versus negativ eingestellt. Da diese Gruppenzuteilungen auf einer anderen Ebene als der direkten Zustimmung oder Ablehnung zu individueller Förderung erfolgte, werden Einstellungen sichtbar, die ergänzende Erkenntnisse zulassen und bisweilen die gegebenen Antworten in Frage stellen.

Es ist jedoch zu beachten, dass die Gruppeneinteilung polarisierend wirkt, da sich innerhalb der Gruppen, Antworten mit feinsten Abstufungen in der Gewichtung befinden.

Gut 40% der Bögen wurden der Gruppe der negativ Eingestellten zugeordnet. Die Daten von gut der Hälfte der Teilnehmerinnen wurden der Gruppe der gegenüber individueller Förderung positiv Eingestellten zugewiesen. Auffallend ist, dass bei der direkten Frage nach der Einstellung zu individueller Förderung deutlich mehr Pädagoginnen die individuelle Förderung positiv beurteilen (90%).

Im Folgenden werden die Ergebnisse dargestellt, die interessante Zusammenhänge zwischen der Einstellung und dem Antwortverhalten aufweisen.

Individuelle Förderung wirkt auf mehreren Ebenen
Wie bereits unter Punkt 2.2 erläutert, kann aus den Antworten der Befragten entnommen werden, dass in den Kindertageseinrichtungen individuelle Förderung sowohl konzeptionell verankert ist als auch praktisch durchgeführt wird. Nicht überraschend sind diesbezüglich die Erkenntnisse bezogen auf die unterschiedlichen Einstellungen: Deutlich mehr positiv gegenüber individueller Förderung eingestellte Fachkräfte geben an, dass der Gedanke der individuellen Förderung in ihrem Kon-

zept verankert sei, und ebenso geben von den positiv eingestellten Pädagoginnen prozentual mehr an, in Einrichtungen zu arbeiten, in denen individuell gefördert werde. Auch für die Frage nach Vereinbarungen zu Schwerpunktthemen individueller Förderung liegen deutliche Unterschiede vor: Mehr als 40% der gegenüber individueller Förderung positiv eingestellten Erzieherinnen geben an, diesbezüglich Vereinbarungen in der Einrichtung getroffen zu haben, im Gegensatz zu nur gut 20% bei den negativ eingestellten.

Über 90% der Gesamtgruppe der Befragten erklären, regelmäßigen Austausch über die individuelle Förderung der Kinder im Team zu pflegen. Dennoch liegen hier deutliche Unterschiede vor: Der Anteil derjenigen, die der Gruppe der gegenüber individueller Förderung positiv Eingestellten zugeordnet werden, ist signifikant höher als bei denjenigen, die der Gruppe der diesbezüglich negativ Eingestellten angehören. Dennoch bestehen bei beiden Gruppen der Befragten Zweifel bezogen auf die Durchführbarkeit individueller Förderung.

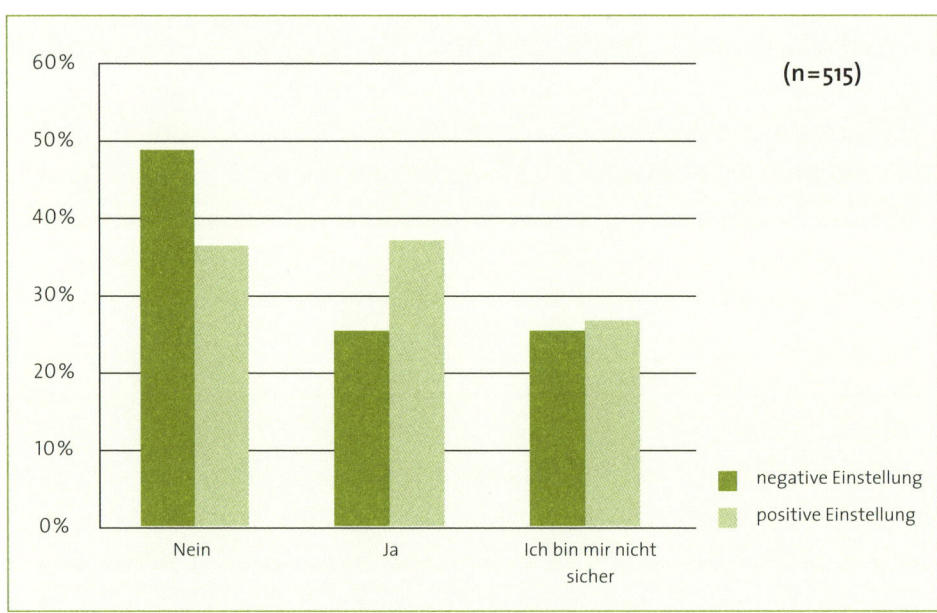

Abbildung 10: Ist Ihrer Meinung nach die individuelle Förderung eines jeden Kindes in der Gruppe möglich?

Auf der (konzeptionellen) Ebene der einzelnen Einrichtungen scheint die individuelle Förderung, besonders in der Darstellung der ihr gegenüber positiv eingestellten Erzieherinnen, verankert zu sein. In unserer Untersuchung wird hingegen deutlich, dass noch geeignete Instrumente, Strukturen und Rahmenbedingungen fehlen, um die individuelle Förderung eines jeden Kindes zu gewährleisten, wie im Folgenden näher beschrieben wird.

Rahmenbedingungen individueller Förderung – Einrichtungsebene
In unserem Material treten signifikante Unterschiede auf zwischen den Einstellungsgruppen und den Rahmenbedingungen ihres Arbeitsplatzes. Personen mit einer positiven Einstellung gegenüber individueller Förderung arbeiten eher in größeren Einrichtungen. Im Mittelwert sind es bei den eher negativ Eingestellten Einrichtungen mit knapp 3,5 Gruppen, bei den eher positiv Eingestellten mehr als vier Gruppen.

Signifikant mehr Fachkräfte mit positiver Einstellung gegenüber individueller Förderung arbeiten in Einrichtungen mit ganztägigen Öffnungszeiten, hier sind es gut 63% gegenüber gut 55% der negativ Eingestellten. Nur 35% der Erzieherinnen mit eher positiver Einstellung geben hingegen an, in Einrichtungen zu arbeiten, die ausschließlich vormittags geöffnet sind. Dort sind es dann gut 44% der Befragten mit eher negativer Einstellung zu individueller Förderung. Durchschnittlich arbeiten Fachkräfte mit positiver Einstellung zu individueller Förderung 32,5 Stunden wöchentlich, das sind 1,5 Stunden mehr als ihre Kolleginnen, die dazu eher negativ eingestellt sind. Integrative Einrichtungen sind bei den „positiv Eingestellten" stärker als bei den „negativ Eingestellten" vertreten.

Auch hier lässt sich fragen, was dieser Zusammenhang bedeutet. Heißt es, dass individuelle Förderung in großen Einrichtungen eher möglich oder eher nötig ist? Braucht es einen ganzen Tag, um individuell fördern zu können oder sind die strukturellen Bedingungen in einer Ganztageseinrichtung eher dazu geeignet, individuell zu fördern? Bedarf es vielleicht auch eines großen Teams?

In Bezug auf die Organisationsstruktur (offen, halboffen oder mit fester Gruppenstruktur) und dem pädagogischen Ansatz sind keine Unterschiede hinsichtlich der Einstellungen der Fachkräfte zu individueller Förderung auszumachen.

> Individuelle Förderung kann in jeder Einrichtung ihren Platz finden – unabhängig von der Ausrichtung des Konzepts und der Organisationsform.

Zusammenarbeit zwischen Kita und Grundschule

In Projekten zur Gestaltung des Übergangs zwischen Kindertageseinrichtung und Grundschule arbeiten signifikant mehr Fachkräfte mit einer positiven Einstellung zu individueller Förderung mit als solche, die diesbezüglich eher negativ eingestellt sind. Waren es im gesamten Sample 54% der Antwortenden, die an solchen Projekten beteiligt sind, sind es bei den Personen mit positiver Einstellung gut 61%.

Die Sprachfördermaßnahmen, die in Niedersachsen im Jahr vor der Einschulung durchgeführt werden, waren schon im Zusammenhang mit der Zusammenarbeit zwischen Kindergarten und Grundschule Thema. Bei der Betrachtung des Antwortverhaltens unter Berücksichtigung der Einstellungen ist auffallend, dass mehr Personen mit positiver Einstellung gegenüber individueller Förderung in Einrichtungen arbeiten, in denen entsprechende Sprachfördermaßnahmen durchgeführt werden. Interessanterweise treten bei der Bewertung der Qualität der Sprachfördermaßnahmen keine nennenswerten Unterschiede zwischen den beiden Gruppen auf. Jeweils ungefähr 34% derjenigen, die angeben, dass solche Fördermaßnahmen in den Einrichtungen durchgeführt werden, sind mit Art und/oder Umfang eher unzufrieden beziehungsweise absolut unzufrieden.

> Erzieherinnen die der individuellen Förderung eher positiv gegenüberstehen, arbeiten häufig in Einrichtungen, in denen Kooperationen mit der Grundschule bestehen und auch in solchen, in denen Sprachfördermaßnahmen durchgeführt werden.

Förderkultur – Einbettung individueller Förderung

Die Entscheidung über Fördermaßnahmen für das einzelne Kind in der Kindertageseinrichtung liegt nicht in der Zuständigkeit einzelner Fachkräfte. Das Datenmaterial unserer Online-Befragung zeigt, dass hierfür Kooperationsstrukturen vorhanden sind. Nur in wenigen Fällen scheinen die Entscheidungen ohne verbindliche Absprachen bzw. durch nur eine Fachkraft getroffen zu werden. Zumeist ist wenigstens das Team der Gruppe beteiligt, oftmals zusätzlich die Einrichtungsleitung oder die Eltern des jeweiligen Kindes. Hinsichtlich der Gruppen (negative beziehungsweise positive Einstellung zu individueller Förderung) sind lediglich bei der Nennung „Team der Gruppe" deutliche Unterschiede auszumachen. Bei dieser Form der Entscheidungsfindung machen die „negativ Eingestellten" den größeren Prozentsatz aus. Es besteht ein Zusammenhang zwischen der positiven Einstellung zu individueller Förderung und dem Grad der Vernetzung mit den verschiedenen Akteuren, die an der Erziehung, Bildung und Betreuung der Kinder beteiligt sind, wenn es darum geht, über Fördermaßnahmen zu entscheiden.

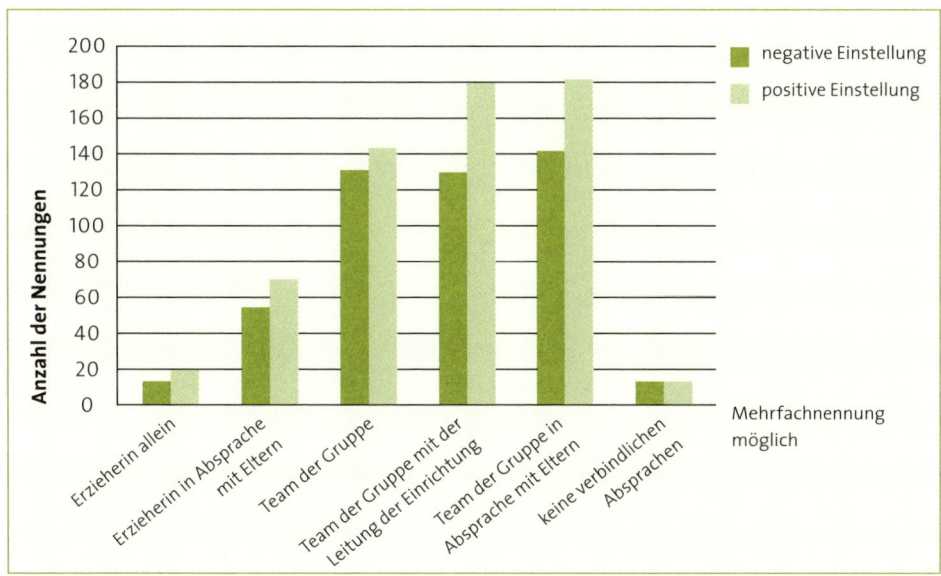

Abbildung 11: Die Entscheidung, welches Kind wie gefördert wird, trifft in Ihrer Einrichtung... Mehrfachnennungen möglich

Bei der Besprechung der Ergebnisse individueller Förderung treten hingegen kaum Unterschiede zwischen den Antwortgruppen auf. Diese werden im Team der Gruppe besprochen. Zu ungefähr 55% finden die Gespräche über Erfolg oder Misserfolg der Fördermaßnahmen zu festgelegten Terminen statt, dies gilt für beide Gruppen. Bei fast 95% der Antwortenden erfolgt zudem zu einem späteren Zeitpunkt noch ein Folgegespräch mit den Eltern. Hinsichtlich der Art und Weise, in der diese Rückmeldungen stattfinden, gibt es jedoch Unterschiede. Gegenüber individueller Förderung positiv eingestellte Fachkräfte führen deutlich mehr regelmäßige Entwicklungsgespräche mit den Eltern als ihre Kolleginnen, die der individuellen Förderung eher negativ gegenüber stehen. Insgesamt geben die positiv Eingestellten mehr Formen der Rückmeldung an. Sie kommunizieren demnach mehr und regelmäßiger mit den Eltern. Starke Differenzen zeigen sich auch bei den Rückmeldungen dem Kind gegenüber. Ungefähr 70% der gegenüber individueller Förderung positiv eingestellten Erzieherinnen geben dem Kind Rückmeldungen, gegenüber 60% bei den negativ Eingestellten.

> Die Einrichtungen, in denen Fachkräfte mit eher positiven Einstellungen gegenüber individueller Förderung arbeiten, verfügen über Strukturen und Rahmenbedingungen, in denen die Planung, Durchführung und Reflexion von individueller Förderung einen festen Bestandteil ausmachen.

Eher negative Einstellungen zu individueller Förderung treten gemeinsam mit Bedingungen in den Einrichtungen auf, die keinen oder einen wenig strukturierten Rahmen für individuelle Förderung aufweisen. In unserer Studie haben wir uns nur auf den Bereich der individuellen Förderung bezogen. Interessant wäre zu erfahren, ob sich dies auch auf andere Bereiche übertragen lässt. Sind die Einrichtungen, in denen Fachkräfte arbeiten, die individueller Förderung keinen so hohen Stellenwert beimessen, vielleicht insgesamt ärmer an Strukturen für Organisation und Reflexion?

Individuelle Förderung und soziales Umfeld

Personen mit einer positiven Einstellung zu individueller Förderung geben in der Online-Befragung ca. zur Hälfte an, dass es soziale Probleme im Einzugsbereich ihrer Einrichtung gibt. Personen mit negativer Einstellung gegenüber individueller Förderung äußern hingegen deutlich weniger solche Probleme. Es scheint, als arbeiteten sie in Einrichtungen, die nicht in sozialen Brennpunkten liegen. Zu berücksichtigen ist, dass hier nicht die Wirklichkeit auf der Basis von Sozialdaten abgebildet wird, sondern die Einschätzung der Pädagoginnen, die in den Einrichtungen arbeiten.

Zusätzlich konnten die Teilnehmerinnen die wahrgenommenen sozialen Probleme in freien Formulierungen beschreiben. Wenn Probleme identifiziert werden, sind es zu beinahe 60% Armut und Arbeitslosigkeit. Auch hier ist der Anteil der positiv eingestellten Pädagoginnen, die diesen Problembereich im Einzugsgebiet ihrer Kita wahrnehmen, überproportional hoch.

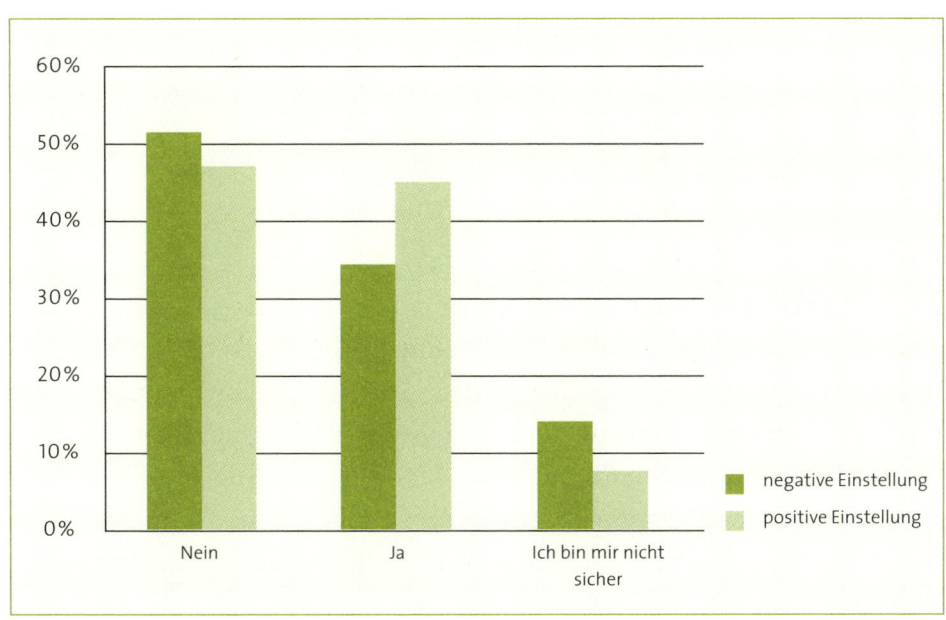

Abbildung 12: Gibt es im Einzugsbereich der Kindertagesstätte erkennbare soziale Probleme?

Weitere Fakten hierzu lassen sich dem Material nicht entnehmen. Denkbar wäre zum einen, dass Pädagoginnen, die über ein höheres Problembewusstsein verfügen, auch eher von der Notwendigkeit und vom Nutzen individueller Förderung überzeugt sind. Andererseits ist aber auch denkbar, dass es sich andersherum verhält, dass in Kitas, die in einem schwierigem sozialen Umfeld angesiedelt sind, individuelle Förderung ein geeignetes Mittel ist, diesem Umstand kreativ zu begegnen.

Individuelle Förderung und pädagogische Praxis –
Methodenumfang und Beobachtungskompetenz
Die als Methodenumfang zusammengefassten Daten wurden auf der Basis der Antworten auf die Frage *„Wie oft setzen Sie systematisch und gezielt Angebote und Methoden in folgenden Bereichen ein?"* ermittelt. Die Bereiche umfassen zum einen verschiedene Bildungsbereiche, wie Musik oder Natur und Umwelt, und zum anderen Methoden, wie etwa Projektarbeit und Lernwerkstätten. Es sollte angegeben werden, ob Angebote nie, selten, häufig oder sehr häufig in diesen Bereichen durchgeführt werden. Der im Folgenden beschriebene Methodenumfang bezieht sich also auf die Vielfalt und die Häufigkeit der Angebote und Methoden in der Selbsteinschätzung der Erzieherinnen.

Für die Auswertung wurde die Antwort „nie" mit dem Wert 0 belegt, „selten" mit dem Wert 1, „häufig" mit 2 und „sehr häufig" mit dem Wert 3. Die minimal mögliche Summe liegt also bei 0, der höchste Wert bei 24. Die Auswertung der Befragung erbrachte einen Wert einmal bei 4 und ansonsten zwischen 7 und 24. Der Mittelwert liegt bei 15,8.

Wird jetzt der Mittelwert der beiden Gruppen der Einstellungen verglichen, zeigt sich, dass die zu individueller Förderung positiv Eingestellten über einen weitaus höheren Methodenumfang verfügen. Das bedeutet, dass individueller Förderung gegenüber positiv Eingestellte im Vergleich zu negativ Eingestellten in mehr Bereichen mehr Methoden einsetzen und Angebote durchführen.

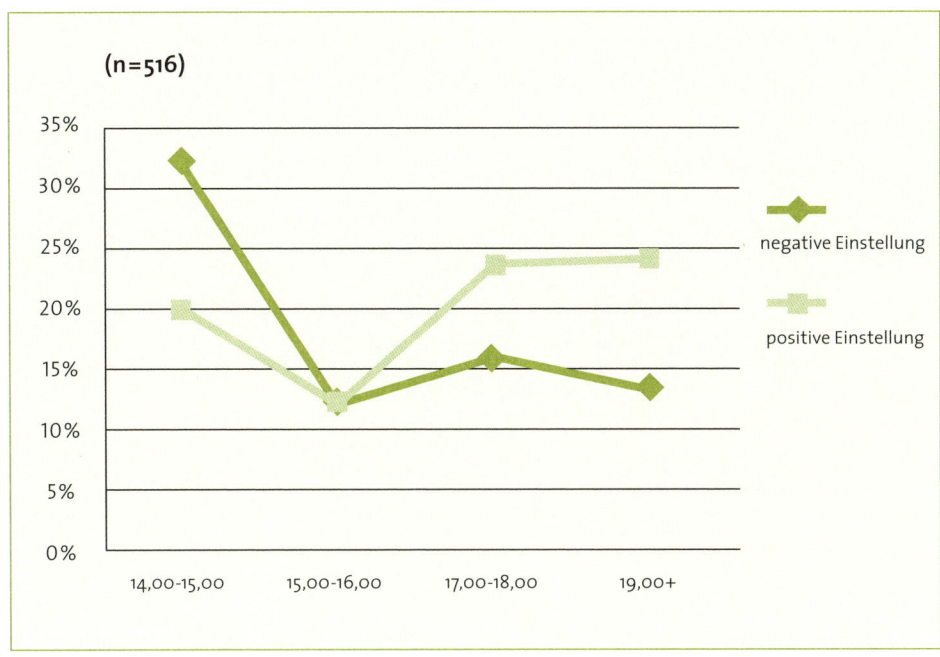

Abbildung 13: Setzen Sie systematisch und gezielt Angebote/Methoden in folgenden Berei-
chen ein?

Die Grafik zeigt, dass gerade in den hohen Bereichen des Methodenum-
fangs (also häufige Verwendung vieler verschiedener Methoden und Angebote in den abgefragten Bereichen) die positiv Eingestellten deutlich
dominieren, während in den Bereichen mit geringerem Methodenumfang die negativ Eingestellten in der Mehrzahl sind. An dieser Stelle ist
darauf hinzuweisen, dass mit diesem Verfahren nicht die tatsächlichen
Fertigkeiten in den verschiedenen Bereichen erhoben werden sollten
oder konnten. Der Methodenumfang beschreibt die Selbsteinschätzung
der Pädagoginnen hinsichtlich der Quantität.

Mit der im Folgenden beschriebenen Beobachtungskompetenz wird
die Häufigkeit der Verwendung verschiedener Beobachtungsverfahren
und Tests ausgewiesen. Die Ausprägungen liegen auch hier zwischen
nie und sehr häufig, 0 bis 3. Besonders hohe Zahlen drücken demnach
auch für diesen Aspekt eine häufige Verwendung aus, niedrige Zahlen
wiederum die seltene Verwendung von Tests und Verfahren.

Im Mittelwert liegen hochsignifikante Unterschiede zwischen den beiden Gruppen vor. Ebenso wie bei dem Methodenumfang dominieren die Personen mit einer positiven Einstellung zu individueller Förderung bei der höheren Beobachtungskompetenz.

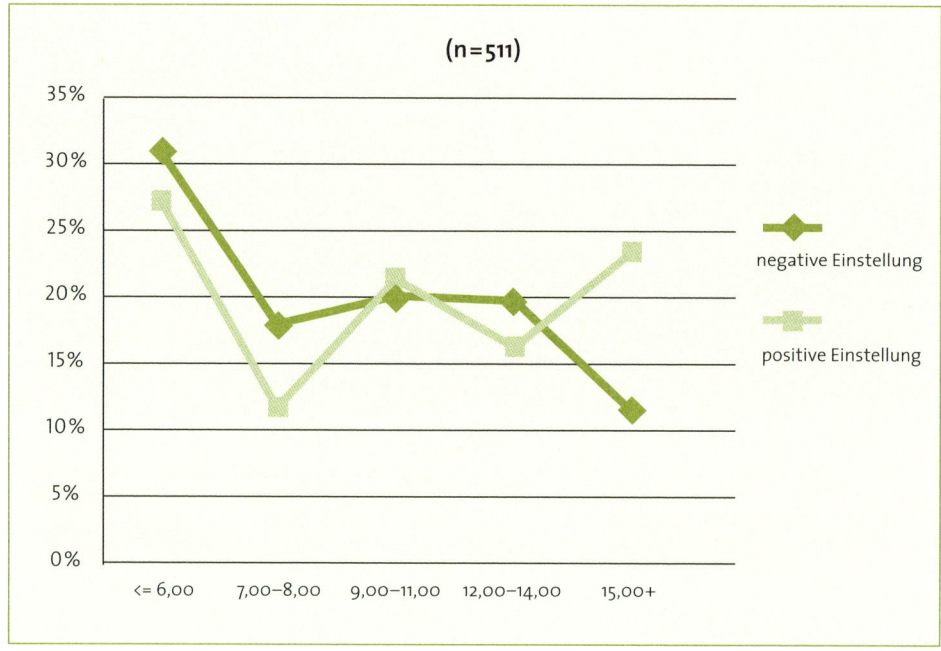

Abbildung 14: Wie häufig setzen Sie persönlich folgende Verfahren oder Tests ein?

Anhand der Grafik wird deutlich, dass gerade die hohen Bereiche von den positiv eingestellten Personen bestimmt werden, während die niedrigeren Bereiche von den Personen mit negativer Einstellung zu individueller Förderung geprägt sind.

Besonders interessant an dieser Stelle ist die Tatsache, dass das am häufigsten verwendete Beobachtungsverfahren die offene Beobachtung ist, gefolgt von eigenen und sonstigen Verfahren. Zudem findet einzig die Anwendung offener Beobachtung Nennungen zwischen häufig und sehr häufig. Alle anderen Verfahren werden, laut Angabe der Pädagoginnen, deutlich seltener angewendet.

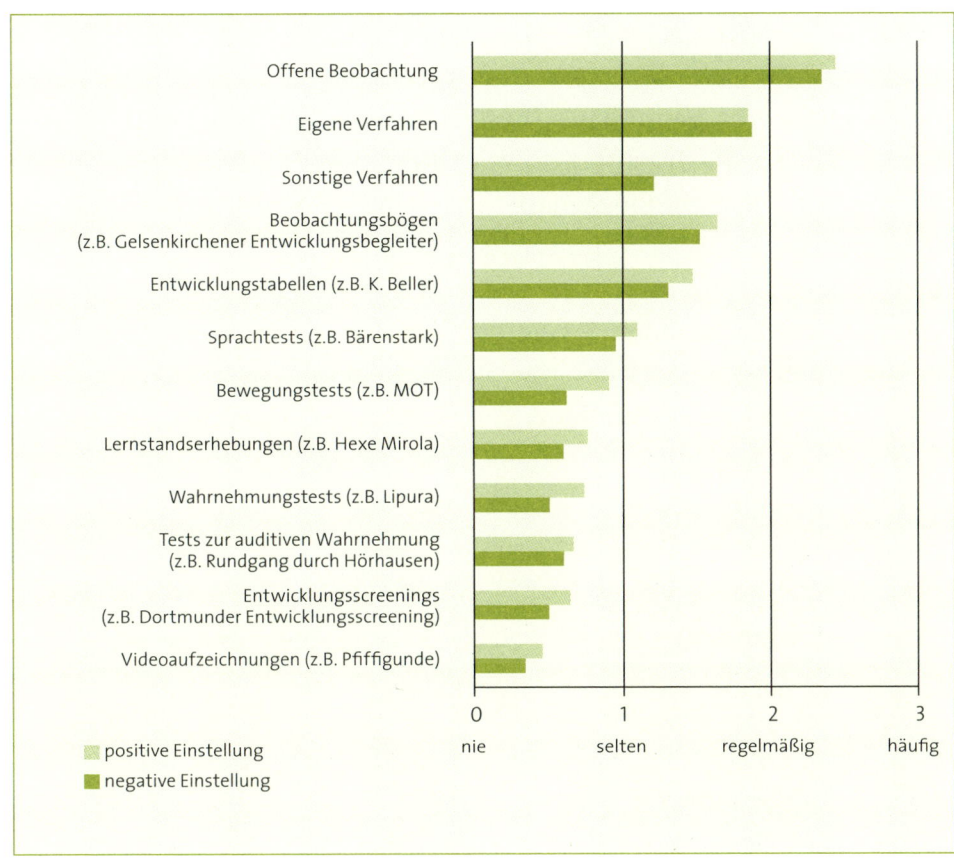

Abbildung 15: Wie häufig setzen Sie persönlich folgende Verfahren oder Tests ein?

Obwohl die Fachkräfte den eigenen Angaben nach viele Beobachtungsverfahren eher selten anwenden, schätzen sie ihre Fähigkeit, die Ressourcen bzw. den Förderbedarf der Kinder zu erkennen, als gut ein. Als Basis dieser Einschätzung dienen unserer Erhebung nach die offenen Beobachtungen. Aufschlussreiche Aussagen ergeben sich diesbezüglich auch hier wieder, wenn die Einstellungsgruppen und das Antwortverhalten miteinander in Beziehung gesetzt werden. Schätzen die Fachkräfte ihre Fähigkeit ein, die Ressourcen beziehungsweise den Förderbedarf eines Kindes zu erkennen, so schätzen sich positiv zu individueller Förderung Eingestellte generell und signifikant besser ein. Die Antworttendenz beider Gruppen (der eher negativ und der eher positiv Eingestellten) liegt hier jedoch auch insgesamt schon bei „gut". Schätzen die Fachkräfte das Vermögen der Kolleginnen ein, die Ressourcen beziehungsweise den Förderbedarf eines Kindes zu erkennen, so antworten individueller Förderung gegenüber positiv Eingestellte generell und signifikant positiver als eher negativ Eingestellte. Das heißt sie würden ihre Kolleginnen auf einer Notenskala besser bewerten. Die Antworttendenz beider liegt hier insgesamt zwischen „gut" und „befriedigend". Beim Erkennen von Förderbedarf urteilen die individueller Förderung gegenüber positiv Eingestellten im Schnitt um eine Zehntelnote und beim Erkennen von Ressourcen um eine Fünftelnote besser als ihre Kolleginnen, die individueller Förderung eher negativ gegenüberstehen.

> Es bestehen Zusammenhänge zwischen der positiven Einstellung zu individueller Förderung und dem Spektrum der verwendeten Methoden und der Beobachtungsverfahren. Pädagogische Fachkräfte, die gegenüber individueller Förderung positiv eingestellt sind, benutzen alle von uns abgefragten Beobachtungsverfahren (außer den eigenen Verfahren) häufiger als ihre Kolleginnen mit negativer Einstellung. Vorausgesetzt, dass neben der Quantität auch die Qualität hoch ist, hieße das, dass individuelle Förderung mit einem hohen Repertoire an Methoden und Beobachtungsverfahren einhergeht und zugleich eine hohe Professionalität der Fachkräfte kennzeichnet.

3 Zentrale Ergebnisse der persönlichen Interviews

3.1 Zum methodischen Vorgehen

Zur Anlage der Interviews

Nach der Online-Befragung wurden mit 36 Erzieherinnen persönliche Interviews geführt. Bei diesem Vorgehen orientierten wir uns an dem Verfahren qualitativer Experteninterviews nach Meuser und Nagel (2005). In diesem Sinne wurden alle Pädagoginnen in Kindertageseinrichtungen aufgrund ihres „praktische(n) Erfahrungswissen(s) aus dem eigenen Handlungskontext" (Meuser/Nagel 2005, S. 43) als Expertinnen angesehen.

Im Gesprächsleitfaden für diese Interviews wurde eine Reihe von Themen als offene Fragen formuliert: Fragen zum Bild vom Kind, zu den institutionellen Erfahrungen gerichteter und ungerichteter Beobachtung (Schäfer 2005) sowie daraus resultierender Handlungen und Förderansätze, Fragen zu den Erfahrungen mit der Fokussierung auf einzelne Kinder in der täglichen Arbeit sowie mit der besonderen Beachtung verschiedener Gruppen von Kindern, Fragen zu den Erfahrungen im Umgang mit als besonders begabt wahrgenommenen Kindern, Fragen zum Verständnis des Auftrags der Kita-Arbeit, zum Bild der Eltern sowie zum beruflichen Selbstverständnis und zur Zusammenarbeit mit der Schule. Außerdem wurde nach konkreten Erfahrungen gefragt, die die Haltung der Expertinnen zu den verschiedenen Aspekten belegen oder konkretisieren. Die persönlichen Interviews dauerten jeweils etwa eine Stunde.

Zum Sample

Bei der Entscheidung, wer und wie viele Erzieherinnen interviewt werden sollten, ließen wir uns von der Idee des theoretischen Samplings (Glaser/Strauss 1998, S. 66ff.) leiten. Das bedeutete, dass wir gezielt nach Erzieherinnen aus Kindertagesstätten suchten, die sich möglichst stark voneinander unterschieden. Also baten wir bei Einrichtungen um Interviews, die unterschiedlichste pädagogische Ausrichtungen ihrer Arbeit vorwiesen und in ihrer regionalen Verortung, Größe sowie der Trägerzugehörigkeit möglichst voneinander abwichen. Ferner wurde darauf geachtet, dass die Lebenslagen sowie die sozioökonomischen und die soziokulturellen Bedingungen der Kinder und Familien im Einzugsgebiet möglichst vielfältig waren.

So waren die interviewten Erzieherinnen der 32 Einrichtungen, die wir berücksichtigten, bei unterschiedlichsten Trägern beschäftigt: sieben Einrichtungen befanden sich in städtischer Trägerschaft, sechs in evangelischer und zehn in katholischer Trägerschaft, fünf Einrichtungen wurden von Vereinen beziehungsweise Elterninitiativen getragen und zwei hatten Träger aus der freien Wohlfahrtspflege. Von zwei Einrichtungen lagen uns diesbezüglich keine Aussagen vor. Was die Öffnungszeiten angeht, so kann man sagen, dass jeweils etwa ein Drittel der Einrichtungen vollständig halbtags, vollständig ganztags sowie mit getrennten Gruppen für halb- und ganztags arbeitete.

Zudem unterschieden sich die Anzahl der Gruppen und damit die Größe der Einrichtungen. Während eine Einrichtung acht Gruppen hatte und es in sechs weiteren Einrichtungen fünf beziehungsweise sechs Gruppen gab, fanden sich in fünf Einrichtungen nur ein oder zwei Gruppen. Die Mehrheit der Einrichtungen hatte drei bis vier Gruppen.

Die Gruppenarbeit war unterschiedlich strukturiert. In drei Kitas wurde ohne besondere Gruppenzeiten und in neun Einrichtungen mit dem offenen Konzept gearbeitet. Sechs andere Einrichtungen verfügten dagegen über feste Gruppenstrukturen. In 14 Einrichtungen fanden sich unterschiedliche Formen halboffener Gruppenarbeit.

Daneben gab es in sieben der befragten Einrichtungen Hortgruppen für Schulkinder. Ebenfalls sieben Einrichtungen unterhielten Krippen für unter Dreijährige. Und in acht Kindertagesstätten gab es Integrationsgruppen.

Bei den interviewten Erzieherinnen sind zur Einschätzung ihrer Aussagen neben ihrer Funktion in der Kita auch ihre Arbeitserfahrung sowie die Dauer ihrer Beschäftigung in der Einrichtung interessant. Von den Interviewten arbeiteten 14 als Kita-Leiterinnen, die anderen als Gruppenleiterin oder Zweitkraft. Außerdem ist anzumerken, dass bis auf drei alle weiblich waren.

Hinsichtlich der Berufsjahre ist anzumerken, dass wir vor allem die Berufserfahreneren für die Interviews gewinnen konnten. So waren sechs Interviewte im Sample 30 Jahre und mehr als Erzieherinnen tätig und weitere 15 arbeiteten seit mindestens 20 Jahren als Erzieherinnen. Die Erzieherin mit der geringsten Berufserfahrung war fünf Jahre in diesem Bereich tätig.

Fünf der interviewten Erzieherinnen arbeiteten seit mehr als 25 Jahren in ihrer Einrichtung, weitere vier Erzieherinnen immerhin 20 bis 24 Jahre. Dagegen waren drei andere Erzieherinnen weniger als fünf Jahre in ihrer Einrichtung beschäftigt.

Zusammenfassend ist zur Gruppe der Interviewten zweierlei anzumerken. Einerseits waren es – ähnlich wie in der Online-Befragung – „natürlich" oft die Engagierten, die sich Zeit nahmen, so ausführlich und ohne direkten persönlichen Gewinn Fremden gegenüber von ihrer Arbeit zu berichten und ihre beruflichen Einstellungen offenzulegen. Andererseits möchten wir aber betonen, dass wir gezielt nach Erzieherinnen in sehr unterschiedlichen Einrichtungen gesucht haben und deshalb überzeugt sind, der Vielfalt in der Berufsgruppe der Kita-Erzieherinnen gerecht zu werden.

Zur Auswertung

Alle Interviews wurden vollständig transkribiert und in das Computerprogramm zur Analyse qualitativer Daten Max QDA eingepflegt. Die Auswertung wurde in drei ineinander greifenden und sich zum Teil zeitlich überschneidenden Schritten vorgenommen. Diese inhaltsanalytischen Schritte lehnen sich an die Vorschläge von Meuser und Nagel (2005, S. 80ff.) an und wurden im konkreten Vorgehen pragmatisch erweitert.

Im ersten Schritt wurde ein Kategoriensystem entwickelt. Aus dem Leitfaden wurden hierfür Kategorien und Subkategorien deduktiv herausgearbeitet. Diese bildeten die Basishypothesen zur Bearbeitung des Interviewmaterials. Darüber hinaus wurden weitere Kategorien und Subkategorien induktiv aus den ersten Interviews entwickelt. Nach sechs Interviews waren die Kategorien einigermaßen stimmig. Das bedeutete, dass alle wesentlichen Aussagen aus den Interviews unterschiedlichen Kategorien zugeordnet werden und damit Einblick zu den verschiedenen Aspekten geben konnten, die im Folgenden zu finden sind. Im zweiten Schritt wurden alle Interviews vollständig kategorisiert. Im Zuge dieser Arbeit entstanden weitere Unterkategorien und es wurden Gewichtungen im Hinblick auf den Aussagegehalt einzelner Textpassagen vorgenommen. Schließlich wurde das so sortierte Material in einem dritten Schritt interpretiert und zu dem hier vorliegenden Text zusammengefasst. Dabei ging es darum, die überindividuelle Sicht der Erzieherinnen entlang thematisch vergleichbarer Textpassagen herauszuarbeiten.

3.2 Individuelle Förderung beginnt mit Verschiedenheit anerkennenden Erzieherin-Kind-Beziehungen

Zu Beginn des Interviews fragten wir, was Kinder im Kindergartenalter brauchen, um sich gut zu entwickeln. Durchgängig erhielten wir in den Antworten auf diese Frage Hinweise auf die zentrale Bedeutung der Erzieherin-Kind-Beziehung. Hier einige typische Aussagen:

„Ich glaube, dass die Kinder Beziehung brauchen. Feste Bezugspersonen."
„Ja, auf jeden Fall brauchen sie Erzieher, die auch bereit sind, eine Verbindung aufzubauen, Beziehung aufzubauen, eine Beziehung einzugehen."
„Es muss eine vertrauensvolle Basis da sein."
„Also ich denke, [die Kinder brauchen] erst einmal eine positive Atmosphäre und eine Bezugsperson oder zwei."

Eine Interviewte führte die Bedeutung der Erzieherin-Kind-Beziehung weiter aus:

„Also was auf alle Fälle ganz wichtig ist, ist die Bindung. Erst einmal überhaupt eine gute Beziehung aufzubauen, [...] dass das Kind weiß, es ist angenommen und wertgeschätzt. Und vor allen Dingen auch, dass es in seiner Person geliebt wird, egal, was es macht. [...], dass man das Kind auch wirklich da so sieht, wie es kommt. Dass man erst einmal guckt, was kann das Kind, wo braucht es Stärkung oder wo braucht es eben auch Unterstützung."

Deutlich wird in dieser Schilderung eine Haltung, jedes Kind, so wie es ist, anzunehmen, bedingungslos und ohne jede Vorleistung. Mit dieser

Haltung wird der Blick frei für das Kind in seiner jeweiligen Eigenart. Die Verschiedenheit der Kinder ist hier selbstverständlicher Ausgangspunkt. Die Entscheidung darüber, wo das jeweilige Kind „Stärkung" oder „Unterstützung" braucht, steht in engem Zusammenhang mit der Beziehungsarbeit. Erkennbar ist die Achtung der Integrität eines jeden Kindes (vgl. hierzu auch Juul et al. 2009). Die Wertschätzung selbst wird aus dieser Perspektive zu einer wesentlichen Grundlage für das Lernen, wie es zwei andere Erzieherinnen formulierten:

„Wenn ich die Kinder wertschätze und ihnen eine anregende Atmosphäre biete, dann decke ich alle Bereiche ab, die das Kind braucht, weil das Lust hat am Lernen."
„Aber da, wo eben einfach den Kindern positiv gegenübergetreten wird, mit Achtung und Wertschätzung, da können sie auch mit ganz wenig Materialien oder Gänseblümchen zufrieden sein und wieder auch Antrieb entwickeln."

Wertschätzung wird verstanden als Ausgangspunkt, der für die Lernentwicklung neben oder sogar vor einer anregenden Umgebung und anregenden Materialien steht. Erzieherinnen können mit ihrem Verhalten einiges tun, um den Kindern Wertschätzung zu signalisieren, wie es diese Interviewten ausdrückten:

„Dann natürlich ganz wichtig das nette Auftreten der Erzieherinnen. Also dass man sich schnell angenommen fühlt als Kind. „[…] weil Kinder in dem Alter ganz viel über Menschen lernen, also die sie heranführen an verschiedene Themen, die sie begleiten und die sie motivieren."
„Personen, die sie herausfordern, die ermutigen […].Sie brauchen Menschen, die zuhören, die abwarten können [lacht]. Sie so lassen können erst einmal, dass sie abwarten, bis Kinder eben einfach auch mitteilen, was sie brauchen."
„Ein Kind muss erst einmal sich wohl fühlen hier, es muss hier angekommen sein. Es muss wissen: ,Mir geht es hier gut.' Und dann kann es sich

auf alle Wege machen, die ein Kindergarten ihm eröffnet an Möglichkeiten."

Die genannten Aspekte weisen auf komplexe Anforderungen an Erzieherinnen hin: Annehmend sein, Vorbild sein, herausfordernd sein, Motivatorin sein, Begleiterin sein, Abwartende sein und Gestalterin einer kindgemäßen Umgebung sein. Hinzu kommt Verlässlichkeit als weitere Anforderung:

„Klarheit ist wichtig. […] Das, was ich sage, muss ich auch so meinen. Und dann muss ich auch hinterher sehen, dass es auch umgesetzt wird. Also, eine Verlässlichkeit: ,Was M. sagt, das meint die auch so. Und das ist nicht nur so daher gesagt.'"

Insbesondere in den Fällen, in denen Eltern weniger zuverlässig erscheinen, verstehen Erzieherinnen Verlässlichkeit als grundlegendes Moment ihres Umgangs mit dem einzelnen Kind:

„Für unsere Kinder – ich will das jetzt nicht zu hoch hängen –, die haben hier das erste Mal verlässliche Erwachsene […]. Um zwölf ist das Essen auch wirklich immer da, immer ein warmes, gutes Essen."

Zugleich ist die Beziehung eine professionelle Beziehung. Dies bringt neben ihrer konsequenten Verlässlichkeit eine grundsätzliche Gruppenbezogenheit (s.u.) sowie zeitliche Begrenzung mit sich:

„Wenn es zu Hause im Elternhaus kriselt, […] da muss man wirklich ganz genau gucken: Wie weit gibt man Halt und Bindung, ist auch immer ansprechbar? Aber auch sagen: ,So, das Wochenende bist du zu Hause.'"

Einerseits dem Kind verlässlich und mit viel Engagement Bindung anzubieten, dies andererseits zeitlich befristet zu tun, ist eine berufliche

Herausforderung. Nicht immer gelingt es, damit einhergehende Ambivalenzen handzuhaben, wie es eine seit mehr als 15 Jahren tätige Erzieherin an ihren jungen Kolleginnen beobachtete:

„Das sehen wir gerade bei jungen Erziehern. Die schaffen es noch nicht so, die Bindung erst anzubieten, aber dann auch wieder auf Distanz zu gehen. […] Man muss sie ja wieder in die Freiheit entlassen, die Kinder. Also entlassen, dass sie sich auch trauen, alleine was in die Hand zu nehmen. Das muss man sehr genau spüren."

Wann Nähe und wann Distanz notwendig ist, verläuft nach Ansicht dieser Erzieherin über das Gespür – der Ablauf ist nicht planbar und kann für jedes Kind sehr unterschiedlich sein.

Darüber hinaus streben die Erzieherinnen in einigen Einrichtungen gezielt organisatorische Lösungen an, wenn ein Kind sich an einer anderen Erzieherin orientiert als an der, die ihm zunächst in der Eingewöhnungszeit zur Seite steht. Auch damit umzugehen, wird als Teil der professionellen Haltung in Bezug auf die Erzieherin-Kind-Beziehung verstanden.

Die Waage zwischen Nähe und Distanz zu halten, kann als grundsätzliche pädagogische Einstellung zum eigenen Tun begriffen werden. Eine Erzieherin entwarf sogar ihren allmählichen Rückzug im pädagogischen Prozess als zentrales Moment ihres beruflichen Handelns:

„Einer meiner Schlachtrufe ist, sich überflüssig zu machen hier für die Kinder. Da gucken immer alle ganz sparsam und sagen: ‚Warum willst du dich überflüssig machen?' Das ist aber ein Überbegriff für ganz viele andere, viel feingliedrigere Ziele."

„Sich überflüssig zu machen" bildet die Gegenseite zur zuvor aufgebauten Nähe. Bindung und Unterstützung der kindlichen Exploration durch Rückzug stehen in einem Wechselverhältnis, wie es andere Erzieherinnen darstellten:

„Manche gehen sofort los, an den Maltisch oder auf den Bauteppich. Und manche gucken auch erst einmal oder krabbeln auf den Schoß und brauchen die körperliche Nähe."

„Und ich denke [...], es muss ein bestimmter Rahmen da sein, der den Kindern auch Sicherheit gibt, was dann die Grundlage ist, dass sie eben sich auch trauen, selber aktiv zu werden."

„Ich denke, wenn die positive Atmosphäre erst einmal [hergestellt] ist, dann werden sie ganz von alleine erkunden."

„[...] Freiräume geben, also so was von Sicherheit geben, aber in einem Freiraum, wo Kinder auch eigene Erfahrungen machen können und sich ausprobieren."

Die Zitate weisen auf die Erfahrungen von Erzieherinnen hin, dass Bindung und Ablösung in einem ganz eigenen Tempo verlaufen, das – soll es denn erfolgreich sein – von jedem Kind für sich selbst bestimmt wird. Den Erzieherinnen kommt dabei die Aufgabe zu, mit Feinfühligkeit (vgl. Ahnert/Pinquart/Lamb 2006) für die Bedürfnisse des einzelnen Kindes eine auf Wertschätzung basierende Bindung anzubieten. Wo dies gelingt, wird das Explorationsverhalten des Kindes in seinem individuellen Tempo unterstützt. In diesem Fall ist eine Grundlage geschaffen für die Möglichkeiten der ganz individuellen Entwicklung.

Aufgrund der Bedeutung der Erzieherin-Kind-Beziehung als Ausgangspunkt für die Anerkennung der Verschiedenheit der Kinder sind die in den Kitas angebotenen Gruppenstrukturen besonders interessant. Anzumerken ist, dass sich in den persönlichen Interviews ebenso wie in der Online-Befragung keine direkten Schlüsse aus der in der Kindertagesstätte vorherrschenden Gruppenstruktur und den dort zu findenden Möglichkeiten der individuellen Förderung ziehen lassen. Graduelle Unterschiede zeigten die Erzieherinnen stattdessen eher in ihren jeweiligen Überlegungen zur organisatorischen Gestaltung der Erzieherin-Kind-Beziehung. Die Spannbreite zeigen die beiden folgenden gegensätzlichen Einschätzungen:

„Wir sind insgesamt zehn Kolleginnen und die Kinder können sich frei im ganzen Haus aufhalten und zu verschiedenen Zeiten sich zu verschiedenen Angeboten, also auch bei verschiedenen Kolleginnen anmelden. Aber trotzdem haben die einen Bezug zu der Gruppe, also sie haben eine Stammerzieherin, beziehungsweise zwei Stammerzieherinnen in ihrer Gruppe. Dass, wenn Kinder sich noch nicht trauen, in andere Bereiche zu gehen oder zu anderen Kolleginnen zu gehen, dass sie wissen, wo sind ihre Bezugspersonen vorzufinden."

„Wir arbeiten mit geschlossenen Gruppen, mit festen Erzieherinnen für die Kinder [...], weil man doch merkt, dass Kinder, gerade so bis drei, vier Jahren, wirklich auch die persönliche Bezugsperson brauchen. Das erleichtert für die Kinder eine ganze Menge und dadurch werden die von Grund auf halt sicherer."

Beide Erzieherinnen setzen sich mit der in ihrer Einrichtung vorherrschenden Gruppenstruktur auseinander, indem sie ihre Strukturen im Spannungsfeld zwischen Freiheit und Sicherheit für das einzelne Kind im Kita-Alltag ausloten. Im Ergebnis kommen sie zu etwas unterschiedlichen Einschätzungen. Im ersten Zitat erhält die Freiheit eine etwas stärkere Priorität, während im zweiten die Sicherheit als Ausgangpunkt für die sich daran anschließende Exploration einen etwas stärkeren Stellenwert erhält. Auf das Spannungsfeld von Sicherheit und Freiheit bezogen sich auch die folgenden beiden Interviewten:

„Es ist so, dass wir offen arbeiten, unter Beibehaltung der Stammgruppen. D.h. es gibt Gruppenerzieherinnen, die auch in erster Linie für die Kinder zuständig sind, die in ihrer Gruppe sind. Und es ist so, dass die Kinder die Möglichkeit haben, sich auch an den Erwachsenen zu orientieren und da den Anschluss zu finden, wo sie sich sicher und geborgen fühlen und die Erwachsenen als feste Ansprechpartner haben. Einfach so, dass es ihnen emotional gut geht, weil das die Basis dafür ist, auch zu lernen."

„Die Kinder haben also weiterhin ihre zugehörigen zwei Erzieher. Und die Eltern haben auch ihre zwei Ansprechpartner. Es gibt den Stamm-

gruppentag einmal die Woche. Also die haben schon ihre feste Gruppe, ihre feste Struktur. Sie haben aber trotz alledem die Möglichkeit, sich frei im ganzen Haus zu bewegen und sich eben, ja, sich so zuzuordnen, wie sie momentan den Bedarf haben."

Diese Erzieherinnen begründen die in ihrer Einrichtung gewählte Gruppenstruktur als Versuch, Freiheit und Sicherheit für das einzelne Kind zu gewährleisten. Sowohl eine offene als auch eine halboffene oder eine geschlossene Gruppenstruktur können im Prinzip eine organisatorische Antwort auf die Frage des Beziehungsangebots der Erzieherinnen für die Kinder sein. Etwas unterschiedlich scheint das Bild vom Kind, seinen Bedürfnissen und Fähigkeiten zu sein. Während das Argument für geschlossene Gruppen eher die Sicht erkennen lässt, Kindern eine sichere Bindung zu bieten, sei Aufgabe der Erwachsenen, setzt das Argument für offene Gruppen viel stärker bei der Eigenaktivität des einzelnen Kindes an. Zur Eigenaktivität der Kinder im Kita-Alltag gehören dann auch ihre Möglichkeiten, "sich so zuzuordnen, wo sie momentan den Bedarf haben". In allen Fällen werden aber zugleich organisatorische Antworten dafür gesucht, dass Kinder unterschiedliche Bindungs- und Explorationsbedürfnisse haben.

ZUSAMMENFASSUNG:

Beziehung ist ein zentraler Ausgangspunkt der Kita-Arbeit, weil darauf die Wahrnehmung und Achtung der Verschiedenheit der Kinder aufbaut. Zugleich gelingt Beziehung erst dann, wenn das Kind in seiner Einmaligkeit geachtet und wertgeschätzt wird.

Ebenso wie die Kinder in ihrer Entwicklung und ihren Interessen verschieden sind, ist auch ihr Bedürfnis nach Nähe und Distanz, nach Sicherheit und Freiheit unterschiedlich und von fortwährenden Veränderungen geprägt. Die in den Einrichtungen praktizierten Gruppenstrukturen bieten unterschiedliche organisatorische Antworten auf das Bedürfnis der Kinder nach einer verlässlichen Erzieherin-Kind-Beziehung. Während Erzieherinnen aus Einrichtungen mit einer festen Gruppenstruktur ihr Augenmerk etwas stärker auf das Sicherheitsbedürfnis der Kinder legen, steht bei Erzieherinnen aus Einrichtungen mit offener Gruppenstruktur die Freiheit des einzelnen Kindes etwas mehr im Vordergrund. In beiden Fällen ist aber, ebenso wie in Mischformen, eine Haltung grundlegend, die von einer Verschiedenheit der Kinder auch in ihrem Beziehungsbedürfnis ausgeht und die aufgrunddessen innerhalb der angebotenen Strukturen verschiedene organisatorische Lösungen anbietet.

3.3 Individuelle Förderung ist Heterogenität respektierende Gruppenarbeit

Dass die Arbeit in der Kindertagesstätte immer Gruppenarbeit ist (vgl. Ahnert 2007, S. 33ff.), wurde von einer ganzen Reihe der von uns befragten Erzieherinnen ausdrücklich hervorgehoben. Die Folgen für Möglichkeiten individueller Förderung schätzen die Expertinnen aber durchaus unterschiedlich ein. Einige der befragten Erzieherinnen verstanden ihre Arbeit als sowohl dem einzelnen Kind als auch der Gruppe zugewandt, wie es abstrakt von einer Interviewten formuliert wurde:

„Und das sind, denke ich, so ganz wichtige Sachen, wo man dann auch noch mal die Gruppe, aber doch individuell in der Gruppe fördert."

Die Gruppe und das einzelne Kind werden als miteinander verwoben wahrgenommen. Innerhalb der Gruppenarbeit gibt es Möglichkeiten für die individuelle Förderung jedes einzelnen Kindes.

Konzentrierten sich die befragten Erzieherinnen in ihren Schilderungen aber auf ihr eigenes Handeln – sie wurden gefragt, ob es gelänge, alle Kinder gleichermaßen in den Blick zu nehmen –, entsteht ein etwas anderes Bild:

„Klar, wir gucken auch, welches Kind braucht noch dringend jetzt irgendwas, irgendwo Unterstützung. Und dann gucken wir, was haben wir gerade für ein Thema, für ein Projekt? Was kann man anbieten, um

dem Kind da noch ein bisschen Futter zu geben? Aber das machen natür-
lich alle Kinder, das ist klar. Und es profitieren auch alle davon. Wenn
man jetzt, wie ich vorhin sagte, ein Spiel macht, dann spielen Kinder
mit, für die ist das ein Klacks, aber das regt die anderen auch wieder an.
[…] Ich glaube schon, wir würden drauf eingehen, wenn ein Kind jetzt
schreiben will oder so, dass man dann vielleicht so eine Schreibwerkstatt
einrichten würde. Das ja, oder dass zumindest die Möglichkeit da ist,
und dass man dann Angebote danach schafft. Darum bemühen wir uns
in der Achtzehnergruppe mit drei Mitarbeitern. Ob das in der Fünfund-
zwanzigergruppe mit zwei Mitarbeitern gelingt? Also ich glaube es nicht.
Hier und da mal, aber viel zu wenig."

Hier wird eine Situation beschrieben, in der es darum geht, das Grup-
penthema mit den unterschiedlichen Interessen der einzelnen Kinder auf
pragmatische Weise miteinander zu verbinden. Selbsttätiges Lernen der
einzelnen Kinder im gemeinsamen Projekt oder im gemeinsamen Spiel
ist eingebettet in strukturierende Angebote von Seiten der Erzieherinnen. Durch die Selbsttätigkeit der Kinder wird es möglich, innerhalb von
Gruppenangeboten der Heterogenität der Gruppe gerecht zu werden.

Zugleich erscheint es aber ein wenig so, als würden die Interessen der
Kinder miteinander konkurrieren. Dringlichkeit wird zu einem Kriteri-
um, das den Erzieherinnen hilft zu entscheiden, wo sie noch einmal Va-
riationen in ihren Angeboten vornehmen. Was bei dieser Sicht fehlt, ist
die Wahrnehmung für gemeinschaftliches, ko-konstruktives Lernen in
eigenständigen Kindergruppen (Youniss 1994). Die Vorstellung der Verwobenheit der kindlichen Interessen mit der Entwicklung selbstgestalte-
ter Gruppenaktivitäten kommt dadurch zu kurz. Anschlussfähig ist hier
die Beobachtung von Brandes (2008) zu einem noch ausstehenden Entwicklungsbedarf der Wahrnehmung und Arbeit mit realen Kleingruppen in Kindertagesstätten:

„Während bezogen auf Bildungsprozesse des einzelnen Kindes ein päda-
gogischer Paradigmenwechsel vollzogen wird, der Selbstbildung und Ei-

genaktivität des Kindes im Sinne subjektiver Sinnkonstruktionen in den Mittelpunkt stellt und eine Neudefinition der pädagogischen Funktion der Erzieherin erzwingt, bleibt bezogen auf Gruppenprozesse ein anleitungs-orientiertes Modell bestehen, das letztlich auf dem antiquierten Konzept einer linearen Vermittlungspädagogik basiert." (Brandes 2008, S. 24)

Fällt der Fokus auf die Verwobenheit kindlicher Eigenaktivitäten inner-halb von Kleingruppenaktivitäten weg, dann kann der Anspruch indi-vidueller Förderung schnell zu einer Überforderung von Erzieherinnen führen. Es entsteht ein Bild, als müssten viele nebeneinander stehende kindliche Interessen gleichzeitig bedient werden. Dieser Anspruch wird von einigen Erzieherinnen dahingehend gelöst, dass sie individuelle För-derung nur mit Einschränkung als ihren eigentlichen Auftrag verstehen, wie es zwei Interviewte exemplarisch ausdrückten:

„Man kann sicherlich, wenn man jetzt eine Skala von null bis zehn her-nehmen will, nicht sagen, dass man ein Kind mit zehn Punkten voll in-dividuell fördern kann. Das ist aber auch nicht unser Auftrag. Unser Erziehungsauftrag bewegt sich irgendwo zwischen fünf und sieben. Na-türlich braucht ein Kind die individuelle Herangehensweise, man kann dem Kind sicherlich nicht so entsprechen, wie es in der Familie das El-ternhaus kann. Und das wollen wir auch gar nicht."
„Also ich glaube ganz ehrlich, es gibt Kinder, die muss man besonders gut im Blick haben. […] das können einmal auch Kinder sein, die nicht so auffallen. Und dann denke ich, es gibt auch eine ganze Reihe von Kindern, die wirklich normal durchs Leben gehen, wo man einfach auch auf die Entwicklung vertrauen kann. Das muss man natürlich erkennen und dazu erst einmal beobachten. Und dann gibt es Kinder, die den Er-wachsenen mehr einfordern und andere, die es nicht brauchen. Wenn ich feststelle, sie brauchen es nicht, das ist ja o.k. Wenn ich feststelle, da hat sich jemand zurückgezogen, er braucht es doch, da muss ich handeln. Ich denke, man hat nicht für jeden von 25 Kindern das gleiche Budget und ich glaub auch nicht, dass jedes es braucht. […] In den ersten Be-

rufsjahren hätte ich da, glaube ich, ein bisschen anders geantwortet. Da hätte ich gesagt: ‚Ich muss jeden irgendwie das Gleiche zukommen lassen.' Aber so aus der Beobachtung heraus, gibt es einfach auch eine ganze Reihe von Kindern, die entwickeln sich super. Da reicht es, ich sag mal, man hat Räumlichkeiten, man hat Materialangebote, man ist Ansprechpartner und hat auch einen guten Austausch mit den Eltern.“

Im ersten Interview wird von vornherein eine Einschränkung im Kita-Auftrag beschrieben. Damit werden Gruppenarbeit und individuelle Förderung als Gegensätze formuliert, deren Anteil es auszuhandeln gilt. Die Erzieherin im zweiten Zitat argumentiert dagegen für eine gerechte Aufmerksamkeitsverteilung. Gerechtigkeit entsteht hier nicht durch die gleichmäßige Verteilung der Ressource Erzieherinnenaufmerksamkeit, sondern durch die Reflexion des durchaus unterschiedlichen Bedarfs der einzelnen Kinder. Beide Interviewte argumentieren für einen realistischen Umgang mit den vorhandenen Ressourcen der Erzieherinnenaufmerksamkeit.

Eine Reihe der interviewten Expertinnen argumentierten, dass die Möglichkeiten individueller Förderung sehr begrenzt werden, weil die Erzieherinnenaufmerksamkeit durch die Rahmenbedingungen eingeschränkt ist. Die hierfür am häufigsten genannten Ursachen waren die Gruppengröße sowie die tägliche Verweildauer des jeweiligen Kindes in der Kita. Dass der Betreuungsschlüssel häufig noch geringer ist als zwei Erzieherinnen pro Gruppe mit 25 Kindern, rechnete eine Erzieherin vor:

„Also, es ist schwierig: Individuelle Förderung für einzelne Kinder ist in diesem Rahmen schwierig. Wir sind 125 Kinder, wenn ich Leitung jetzt mal außen vor lasse, halt in Gruppenteams sind wir zehn Mitarbeiter mit 125 Kindern. So. Man kann davon ausgehen, dass wir selten voll besetzt sind, also fast immer eigentlich jemand im Urlaub oder krank [ist] oder eben frei [hat] oder was auch immer. So, d.h. selten [sind] diese zehn Leute [da]. Gehen wir mal vom günstigen Fall acht Leute aus, in

der Regel: acht Leute auf 125 Kinder. Es findet ganz, ganz, ganz wenig individuelle Förderung statt."

Interessant sind Überlegungen dieser Erzieherin an einer anderen Stelle des Interviews, in der sie die Fokussierung auf die Aktivität einer Gruppe beschrieb:

„Das kann ich nur leisten wie momentan in so Zeiten: Ich habe heute zehn Kinder, ich kann's mir heute leisten, mich mit einem Kind hinzu-setzen und es bei irgendeiner Aufgabe oder irgendeiner Tätigkeit einfach zu begleiten. Heute Morgen waren es Barbie-Puppen: Unsere Mädchen sind im Moment ganz scharf auf diesen Beutel mit Barbie-Puppen. […] Ich bin eigentlich kein Fan von Barbie-Puppen, ganz sicher nicht, aber das, was bei der Beschäftigung mit diesen Barbie-Puppen stattfindet mit den Kindern, find ich ganz wichtig, weil da reden die nämlich über Mädchen und über Frauenbilder und über: ‚Muss 'ne Frau eigentlich immer so hohe Schuhe anziehen?' und und und. […] Eigentlich sind die Barbie-Puppen in dem Moment nur Mittel zum Zweck, um eine Brücke zu bauen."

Hier ist es nicht das einzelne Kind, das mit seinen Interessen im Mit-telpunkt steht, wohl aber eine Gruppe, die zum beobachteten Zeitpunkt ein Interesse teilt: die mit Barbie-Puppen spielenden Mädchen. Eine Ebene des Spiels ist die Auseinandersetzung mit Geschlechtsrollenbil-dern, was einen Ansatz für eine intensivere Begleitung durch die Erzie-herin bietet.

Grundsätzlich stehen aber die Erzieherinnen in ihrem Arbeitsalltag immer wieder vor dem Problem, entscheiden zu müssen, wem sie ihre Aufmerksamkeit widmen. Keine Erzieherin zog im Interview daraus den Schluss, dass Kinder sich daher in der Gruppe anpassen müssten. Statt-dessen setzt sich eine ganze Reihe von Erzieherinnen selbstkritisch da-mit auseinander, dass gerade angepasste und unauffällige Kinder in der individuellen Förderung zu kurz kommen könnten:

„Es ist klar, dass die Kinder, die natürlich sehr auffallen – ob [...] sie sehr leise sind, sehr schüchtern sind oder richtig die wilden Kerle sind –, dass die in den Vordergrund treten. Und bei den Kindern, die einfach schon sehr starke Kinder sind, wenn die hier ankommen, dass man die auch leichter zur Seite lässt. Ganz klar."

„Die Gefahr, finde ich, besteht immer für Kinder, die relativ unauffällig sind, dass die manchmal zu kurz kommen. [...] Man hat nicht mehr Kapazitäten [...] Wobei es durchaus vorkommt, dass man was übersieht, weil man denkt, die sind so gut in der Spur, weil man sie nicht so genau angeguckt hat. Das ist schon passiert."

„[...] Die Kinder [...] laufen am ehesten Gefahr, durchzurutschen, die sich so sehr gut selbst beschäftigen können, die ruhig sind, die ein gutes Sozialverhalten haben, sag ich mal, weil die auch eben wenig mit anderen Kindern anecken. [...] Bei diesen Kindern sehe ich die Gefahr, dass mir die am ehesten durchrutschen. Und wo wir, oder wo ich dann auch genau gucken muss, dass diese eben auch die Förderung erhalten, die sie im Grunde ja genauso möchten."

Als problematisch wird nicht empfunden, dass nicht alle Kinder gleichermaßen Aufmerksamkeit, Anleitung und Zuwendung bekommen. Der unterschiedliche Bedarf an Erzieherinnenaufmerksamkeit ergibt sich aus der Verschiedenheit der Kinder. Vielmehr wird in der Selbstkritik der Expertinnen deutlich, dass es im Kita-Alltag mitunter keine bewusste und reflektierte pädagogische Entscheidung der Erzieherinnen ist, wer mit welchen Bedürfnissen gesehen wird. Die Möglichkeiten, das einzelne Kind in seiner Persönlichkeitsentwicklung zu unterstützen, erfährt vor allem durch die Rahmenbedingungen seine Grenzen.

ZUSAMMENFASSUNG:

Durch Beobachtung des Spiel- und Interaktionsverhaltens der Kinder bieten sich Möglichkeiten, Angebote für Kleingruppen so offen zu gestalten, dass Kinder sie entsprechend ihres Lern- und Entwicklungsstandes sowie entsprechend ihrer unterschiedlichen Interessen und Bedürfnisse unterschiedlich nutzen können und hier Eigenaktivitäten entwickeln. Problematisch bleibt aber, dass die Erzieherinnenaufmerksamkeit aufgrund der Rahmenbedingungen eine knappe Ressource ist. Zwar brauchen nicht alle Kinder das gleiche Maß an Erzieherinnenaufmerksamkeit, aber aufgrund ungünstiger Rahmenbedingungen kann es passieren, dass Kinder mit sozial erwünschtem Verhalten weniger wahrgenommen werden und infolgedessen weniger oder keine individuelle Förderung erfahren.

3.4 Individuelle Förderung braucht Verschiedenheit wahrnehmende Beobachtungsverfahren

In den Expertinneninterviews ist die breite Palette der aktuell bevorzugten Beobachtungsverfahren repräsentiert. Zu den von dieser Gruppe näher beschriebenen standardisierten Beobachtungsverfahren gehören die Leuvener Engagiertheitsskala, das Bielefelder Screening, der Beobachtungsbogen Sismik, die Kuno Beller Entwicklungstabelle, der Gelsenkirchener Entwicklungsbegleiter sowie eigene Methoden, die aus verschiedenen Ansätzen nach den Bedürfnissen der jeweiligen Einrichtung entwickelt wurden. Als besonders bereichernd im Hinblick auf die Dokumentation wurden Portfolios sowie Bildungs- und Lerngeschichten beschrieben, die in den Einrichtungen der befragten Erzieherinnen seit einiger Zeit im Einsatz sind oder in ihrer Anwendung allmählich ausgebaut werden.

Einen besonderen Stellenwert nimmt die freie Beobachtung ein. Sie begleitet die tägliche Arbeit der Erzieherinnen und steht in engem Zusammenhang mit daraus abgeleiteten Angeboten und der spezifischen Förderung einzelner Kinder. Im Hinblick auf Möglichkeiten individueller Förderung scheint gerade die freie Beobachtung besonders relevant, weil dadurch die Kinder in ihrer Individualität gesehen werden. Dies wird von einer Erzieherin, die auch mit Bildungs- und Entwicklungsgeschichten arbeitet, so beschrieben:

„Also ganz viel basiert bei uns auch erst einmal auf Beobachtung. Wir beobachten natürlich ganz viel und versuchen dann auch herauszufil-

tern, wo wirklich Interessen der Kinder sind, wo Stärken sind. Uns liegt auch ganz viel daran, die Stärken zu stärken und da noch weiter Anreize zu schaffen."

Wie bei dieser Erzieherin bleibt auch bei den anderen Befragten die freie Beobachtung das Mittel der Wahl, wenn es darum geht, die Kinder kennenzulernen und zu verstehen. Die Besprechung mit der Kollegin oder dem Kita-Team nimmt eine zentrale Rolle ein, um das Beobachtete zu deuten. Durch dieses Vorgehen gelingt es der einzelnen Erzieherin auf mehreren Ebenen, der Verschiedenheit der Kinder gerecht zu werden. So werden Mutmaßungen über ein Kind noch einmal abgesichert sowie das weitere Vorgehen gemeinsam abgeklärt, wie die folgenden beiden Beispiele verdeutlichen:

„Dann beobachten wir das erst mal gezielt, auch unabhängig voneinander, dass beide Erzieher so in ihren Bereichen dann auch mal gucken. Und nach einer Weile, nachdem wir verschiedene Angebote gemacht haben, um dieses Kind zu locken, und immer noch merken, da ist was, und wir stoßen so an unsere Grenzen, suchen wir das Elterngespräch. […] Mit den Eltern überlegen wir: ,Ist denn zu Hause vielleicht was aufgefallen, vielleicht sogar im Urlaub, […] im Garten oder auch im Wohnzimmer […] ist da was aufgefallen?' […] und dann holen wir uns eventuell Hilfe von außen."
„Wenn ich [etwas] beobachtet habe, würde ich mit meiner Kollegin drüber sprechen: ,Ist dir da auch was aufgefallen? In welchen Situationen ist dir das aufgefallen, ist mir das aufgefallen?' Danach würden wir erst ein Elterngespräch führen, mit den Eltern noch mal überlegen, ob denen irgendwas aufgefallen ist und dann auch mit den Eltern überlegen, wie können wir dem Kind helfen?"

In beiden Beispielen weisen die Expertinnen auf das regelhafte Vorgehen bei der freien Beobachtung hin. Fällt bei dieser zunächst ungerichteten Beobachtung (Schäfer 2007) etwas auf, erfolgt ein Austausch mit der

Kollegin. Dadurch wird die zunächst subjektive Wahrnehmung einer Erzieherin intersubjektiv abgeglichen. Im nächsten Schritt werden die Eltern als weitere Akteure einbezogen. Dies kann als weiterer intersubjektiver Abgleich verstanden werden, der die Beobachtung auf breitere Füße stellt. Gemeinsam werden dann Maßnahmen zur Entwicklungsunterstützung des Kindes überlegt.

Besprechungen der Beobachtungen im Gesamtteam bieten die Chance einer noch stärkeren Beachtung aller Kinder in ihrer individuellen Entwicklung. So stellte eine Interviewte ihre Erfahrungen folgendermaßen dar:

„Fallbesprechungen sind regelmäßig. Also turnusmäßig kommt jedes Kind immer wieder dran. Ein bis zweimal im Jahr und zusätzlich bei Bedarf. Also es kann sein, zum Beispiel, wenn wir bei einem Kind bestimmte Maßnahmen beschließen, dass wir dann sagen: ‚Wir gucken nach sechs Wochen oder nach einem Vierteljahr nochmal, was ist da jetzt passiert.' Also was weiß ich: Sind die Eltern losgegangen und haben das abchecken lassen, ob der noch gut hört und ob der Logo[pädie] braucht oder solche Sachen. Oder wir haben beschlossen, einmal in der Woche macht die Heilpädagogin was mit dem Kind oder mit einer kleinen Gruppe. Und wir gucken mal, wie das angeschlagen hat. Oder solche Geschichten. Also es wird dann überprüft.

Des Weiteren können aus der Beobachtung resultierende Förderungen oder Ansätze in der Kita auch auf den Kompetenzen mehrerer Erzieherinnen bauen:

„Wenn solche speziellen Sachen anstehen, geben wir es auch gerne mal ins Team weiter in den Dienstbesprechungen, um Rückmeldung zu bekommen von den andern. Und sollte da [in den anderen Kita-Gruppen] auch Interesse sein oder heißt es dann, Mensch, wir haben auch Kinder, da ist auch Interesse oder da müssten wir auch was tun. Das kann durchaus dann so sein, dass wir dann für die Allgemeinheit irgendwie

was anbieten. Dass wir in einem Nebenraum, den wir zur Verfügung haben, sagen, wir machen da halt mal für eine Woche irgendwo Forschen, bauen da irgendwelche Experimente auf oder solche Dinge. Stellen dann halt für alle die Sachen zur Verfügung, oder man bietet es halt sonst in der Gruppe an für das einzelne Kind vielleicht."

Hier ist es nicht mehr das Interesse eines einzelnen Kindes, für das Förderansätze oder Anreize geschaffen werden. Stattdessen geht es hier darum, besondere Interessen der Kinder ernst zu nehmen und in besonderen Gruppenangeboten zu bündeln. Damit werden weitere Möglichkeiten individueller Förderung geschaffen, die dem Gruppencharakter der Kita-Arbeit gerecht werden.

Geht es um die Überwindung des subjektiven und eher zufälligen Charakters der Beobachtung, scheint die Dokumentation aus Sicht der Expertinnen sehr sinnvoll zu sein. Hervorgehoben wird beispielsweise auch, dass es dadurch besser gelingen kann, die Stärken des einzelnen Kindes im Blick zu behalten:

„Aber dazu, dazu gehören, dazu sind da ja auch diese Beobachtungen wirklich hilfreich. Dass man Eltern klarmachen kann: ‚Auch dein Kind hat da und da Stärken. […] Und das muss nicht überall stark sein'."

Viele der Befragten betonen ihren Wunsch, stärker ressourcenorientiert zu beobachten und zu dokumentieren, als sie dies derzeit tun. Einige bemerken selbstkritisch, dass sie in ihrer Ausbildung eher gelernt haben, defizitorientiert zu beobachten. Ein ressourcenorientierter Blick auf das einzelne Kind bedarf dagegen einer Neuorientierung der Wahrnehmung und Deutung. Auch hierbei wird die Zusammenarbeit im Team von einigen der interviewten Erzieherinnen als bereichernd erfahren, weil der Blick auf das beobachtete Kind dadurch differenzierter wird.

Darüber hinaus können strukturierte Verfahren auch helfen, den Blick auf das beobachtete Kind zu weiten. Hervorzuheben ist hier die Erfahrung aus einer Kita mit hohen Migrantenanteil:

„Gerade auch für unsere Kinder, die sprachlich [...] nicht so fit sind, um da trotzdem andere Bereiche im Blick zu haben, wo sie durchaus altersgemäß entwickelt sind. Was ja oft nicht so zum Tragen kommt, weil sie sich nicht trauen, aufgrund der fehlenden Sprache oder weil die Kommunikation schwieriger ist. [...] Da muss man wirklich ganz genau hingucken. Oder wir gucken dann auch: Ist es nur die Sprache, und das Kind braucht trotzdem ganz viel Input, weil wirklich nur die Sprache fehlt? [...] Also muss es auch sehr anregende Spiele und Angebote haben, es kann wirklich mehr, als es uns sagen kann."

Standardisierte Beobachtungsverfahren können also eine Bereicherung sein, weil sie den Blick auf Aspekte lenken, die in komplexen Alltagssituationen untergehen können.

Problematisch bleibt aber die Tatsache, dass viele dieser Verfahren eine künstliche Interaktion mit sich bringen, die nicht in das Alltagshandeln von Erzieherinnen passt:

„Wenn ich so eine Beobachtung mache, dann muss ich mich wirklich aus der Gruppe rausziehen. Und das ist äußerst schwierig. Ich habe immer wieder gehört, dass Kinder sich daran gewöhnen, angeblich, wenn man das einmal eingeführt hat. Ich könnte es mir in unserer Gruppe nicht vorstellen. Dann kommen immer fünf Finger und pieken, und: ‚Hör mal und mach mal und guck mal. Kannst du mir was vorlesen?'"

In einem Interview wurde das ethische Problem der strukturierten Beobachtung hervorgehoben:

„Also wir setzen uns nicht hin mit einem Block und beobachten ein Kind jetzt zum Beispiel eine halbe Stunde oder eine Stunde und dann halten wir das fest, weil wir denken, es ist auch ein ethisches Problem. Also wir wollen das, was wir nicht möchten, auch den Kindern nicht zumuten. Also ich möchte es nicht, dass mich jemand eine Stunde beobachtet und seine Notizen macht und dann aufschreibt: ‚Naja, da hatte sie die Hand

in der Tasche gehabt und da schien sie gelangweilt zu sein und da hat sie ein böses Wort gesagt [...]' und das wird dann alles festgehalten."

Was hier angesprochen wird, ist die Achtung der Integrität des Kinds (Jensen et. al. 2009), die darauf basiert, dass dem Kind die gleichen personellen Rechte zugestanden werden wie einem Erwachsenen. Gleichwohl wird auch in dieser Einrichtung, die als offene Einrichtung auf den intensiven kollegialen Austausch von Beobachtungen angewiesen ist, die Dokumentation als notwendig erachtet. Eine Konsequenz ist hier das Festhalten der freien Beobachtungen:

„Also wir machen das so, dass wir schon aufschreiben, wenn wir irgendwas festhalten möchten, was wir jetzt für festhaltenswert halten. Sei es eine positive Entwicklung, dass uns auffällt: Mensch, da hat er sich jetzt das erste Mal, als wir Angebote vorgelesen haben, entschieden, in den Bauraum zu gehen und ein bestimmtes Angebot zu machen. Das halten wir fest."

Während auf der einen Seite standardisierte Verfahren helfen können, den Blick zu weiten für die Fähigkeiten eines Kindes, die im Kita-Alltag, beispielsweise aufgrund geringer Deutschkenntnisse, so nicht zum Ausdruck kommen, passt nicht jedes standardisierte Verfahren in den Praxisalltag. Die Aussagen verdeutlichen, dass Beobachten und Dokumentieren nur dann eine Erzieherinnenaufgabe sein können, wenn es im Verbund mit ihrem beruflichen Handeln steht.

ZUSAMMENFASSUNG:
Beobachtungsverfahren spielen eine zentrale Rolle im Hinblick auf individuelle Förderung in Kindertagesstätten. Die freie Beobachtung bietet die Möglichkeit, der Verschiedenheit der Kinder gerecht zu werden. Das Gespräch über die Beobachtungen und ihre Deutungen im Verbund mit der Teamkollegin oder dem Gesamtteam erlaubt es, eigene subjektive Deutungen zu erweitern. Ein ressourcenorientierter Beobachtungsblick

bedarf der Übung und gewinnt durch die Rücksprache mit Kolleginnen. Standardisierte Verfahren können helfen, den Fokus der Beobachtung zu erweitern und damit der Verschiedenheit der Kinder noch besser gerecht zu werden. Beobachtungsverfahren bewähren sich nur dann im Kita-All-tag, wenn sie mit der Erzieherinnentätigkeit im Einklang stehen, die auf der Erzieherin-Kind-Beziehung basiert.

3.5 Individuelle Förderung braucht unverplante Zeit

Geht es in vielen modernen beruflichen Feldern um Kontrolle, Vermessung und Effektivierung von Zeit (Elias 1988), so versperrt sich die elementar-pädagogische Arbeit aufgrund der Entwicklungsanforderungen von Kindern im Vorschulalter eigentlich einer solchen Kontrolle, Vermessung und Effektivierung (Wehr 2009). Im Gegenteil scheint gerade Langsamkeit zu ertragreicheren Ergebnissen zu führen: Dem Kind wird die Zeit gelassen, die es braucht, und diese kann ganz unterschiedlich sein.

Wie wichtig ein kindgemäßer Umgang mit Zeit in der Kita-Arbeit ist, verdeutlicht eine Erzieherin in ihrer Antwort auf die Frage, wie die elementarpädagogische Arbeit konkret vor sich geht, wenn ein Kind „da abgeholt wird, wo es steht":

„Das ist ja auch richtig, das Kind da abzuholen, wo es steht. Also nicht zu überfordern und nicht zu unterfordern und zu gucken, dass das, was man anbietet, genau dem Interesse, dem Leistungsstand und der Vorstellung des Kindes entspricht. Dafür muss man ein Kind natürlich genau kennen und beobachten. […] Also, ich finde unsere Methode im Kindergarten ist das Beobachten. Keine Diagnostik, keine Tests machen. Das sieht man manchmal auch bei den Einschulungsuntersuchungen. Wir kennen die Kinder so gut […], wenn die Einschulungsuntersuchungen sind und das Kind an einem Tag getestet wird, häufig einen schlechten Tag hat, nicht gut drauf ist, die Ärztin nicht mag oder sonst was. Und dass wir, wenn wir unsere Informationen zusammentragen, eigentlich schon eine Menge wissen."

Die Erfahrung dieser Erzieherin weist darauf hin, dass zeitintensive Beobachtung dem einzelnen Kind eher gerecht wird, als ein in knapper Zeit durchgeführtes standardisiertes Verfahren. Das Kind kann umfassender eingeschätzt werden als in einer zeitlich befristeten Situation, die von einer Vielzahl von Faktoren beeinflusst wird.

Faszinierend an den Aussagen der Erzieherinnen ist ihre beruflich geschulte Sensibilität für die zeitliche Dimension, die so ganz der gesellschaftlichen Entwicklung einer Kontrolle, Vermessung und Effektivierung von Zeit widerspricht. Sowohl bei der Beobachtung als auch bei der kindlichen Entwicklung selbst trägt ein ineffektiver Umgang mit Zeit zu effektiveren Ergebnissen bei. Was das im Alltag für die Entwicklung eines Kindes bedeuten kann, zeigt folgendes Beispiel:

> *„Letztes Jahr oder vorletztes Jahr ist ein Kind angekommen, konnte kaum die deutsche Sprache, ein Puzzlespiel überhaupt nicht. Nach einem Jahr hat die gepuzzelt. Die [hat] mit Zwanzigern angefangen und nachher hatte sie die Hunderter-Puzzle. Hat die Ruhe gefunden, sich mitten im Geschehen hinzusetzen. Aber sie hat auch die Zeit gehabt. Nicht dieser Druck: ‚Du musst.‘ Sondern: ‚Such dir doch das, was du möchtest!‘ […] Die Kinder holen sich normalerweise das, was sie brauchen. Die kommen auch an, wenn sie neues Wissen wollen und sagen auch: ‚Kannst du mit mir ein Spiel spielen? Du, ich hab‘ das und das gesehen, wie funktioniert das eigentlich?‘“*

Das Kind in diesem Beispiel entscheidet selbst über Richtung und Tempo seiner Entwicklung. Die Erzieherinnen *„versuchen, es nicht zu schubsen.“* Die zweimalige Formulierung *„versuchen“* deutet darauf hin, dass es im Alltag vielleicht nicht immer gelingt, dem kindlichen Tempo gerecht zu werden, dass dies aber Vorsatz und Wertvorstellung ist. Eng verknüpft mit der zeitlichen Dimension (*„nach einem Jahr“*, *„Ruhe gefunden“*, *„Zeit gehabt“*) ist die Interessensdimension, die ebenfalls nur bedingt durch die Erzieherinnen gesteuert werden kann. Der Umgang mit Zeit ist von der Erfahrung geprägt, dass Kinder sich *„normalerweise“* das holen, *„was* *sie brauchen*". Wenn Erzieherinnen trotz eines heute immer stärker an sie herangetragenen gesellschaftlichen Frühförderauftrags also auf die Entwicklung der Kinder warten, dann kann es im Idealfall gelingen, dass das Kind durch die von ihm selbst bestimmte Zeit Gestalter seiner eigenen Entwicklung ist. Bei seiner Analyse auf der Basis neurobiologischer Befunde kommt der Erziehungswissenschaftler Gerd E. Schäfer (2005) zu ganz ähnlichen Erkenntnissen:

> *„Wahrnehmung braucht einerseits vielfältige Anregungen, damit sie zu ‚plastischen' Bildern führt; und sie braucht andererseits Zeit, um all die Denk- und Verarbeitungswege auch gehen zu können, die nötig sind, um einen Wahrnehmungsvorgang im Sinne einer komplexen Musterbildung abzuschließen."* (Schäfer 2005, S. 117)

Anregungen und Zeit sind im Kita-Alltag untrennbar miteinander verbunden. Diese durch das Alltagshandeln der Erzieherinnen geprägte Erkenntnis bestimmt wesentlich den elementarpädagogischen Fokus auf individuelle Förderung, wie es eine Erzieherin formuliert:

> *„Also individuelle Förderung ist auch nicht nur, dass ich das Kind vollpacke mit allen möglichen Angeboten, wie sie hier stattfinden. Sondern das ist auch einfach den Kindern die Möglichkeit zu geben, bei sich zu sein und sich selbst zu entdecken und Zeit zu haben, ohne dass immer jemand dahinter steht und irgendwas von dem will. Weil nur, wenn man selber Zeit hat, in sich zu gehen, kann man auch fühlen, wer ich bin und was ich will."*

Die Erzieherin erfährt in ihrer Arbeit Zeit als zentrale Voraussetzung für das Lernen und die Entwicklung des einzelnen Kindes. Die Begründung für den bedeutsamen Stellenwert von Zeit liegt in ihrer Verbindung mit der Entwicklung von Integrität: *„Wenn man selber Zeit hat, in sich zu gehen, kann man auch fühlen, wer ich bin und was ich will."* So verstandene Zeit beschreibt eine Dimension der Freiheit, die Kinder brauchen, um Angebote wahrnehmen und nutzen zu können.

Vor dem Hintergrund einer solchen Perspektive erstaunt es nicht, dass eine Erzieherin den an die Kitas herangetragenen Bildungsauftrag nicht als Auftrag zur individuellen Förderung versteht, sondern als zusätzliche Aufgabe:

„Wir müssen den Bildungsauftrag, na klar, auch verfolgen, aber versuchen, schon am Kind zu bleiben. Und für die einzelnen Kinder eben dieses individuelle Fördern. Jedes Kind ist so weit, wie es jetzt ist. Da holen wir's ab und bringen es soweit, wie es mitgehen möchte mit uns. Und wir versuchen, es nicht zu schubsen."

Der Bildungsauftrag steht in der Wahrnehmung dieser Erzieherin neben einem anderen – originären – Auftrag, nämlich das einzelne Kind mit seiner ganz eigenen Entwicklung in den Mittelpunkt des Handelns zu stellen. Individuelle Förderung wird hier nicht wegen, sondern trotz des an die Kitas herangetragenen Bildungsauftrags als Ziel der eigenen Arbeit gesehen. Die mit dem Bildungsauftrag vorgegebenen Ziele, die es für jedes einzelne Kind zu verwirklichen gilt, werden zumindest von dieser Erzieherin als Gegensatz gesehen zum Blick auf das einzelne Kind, das in seiner ganz eigenen Zeit sich entwickelt und hierin von den Erzieherinnen begleitet wird. Eine Auseinandersetzung mit dem Widerspruch der gesellschaftlichen und politischen Aufforderung zur Effektivierung von Zeit und den kindlichen Bedürfnissen nach uneffektiver Zeit steht hier erst am Anfang.

> **ZUSAMMENFASSUNG:**
> Zu individueller Förderung im elementarpädagogischen Arbeitsalltag gehört, dass Erzieherinnen sich auf die individuellen Zeitbedürfnisse der einzelnen Kinder einlassen. Erst durch die Anerkennung dieser individuellen Zeitbedürfnisse kann sowohl die Erzieherin als auch das Kind selbst wahrnehmen, welche Erfahrungen für die jeweils anstehende Entwicklung gerade relevant sind.

Individuelle Förderung bedarf eines individuellen Umgangs mit Zeit. Dies bedeutet, dass individuelle Förderung Zeit braucht, die nicht vermessen und verplant ist. Der Verplanung von Zeit in der täglichen Arbeit sind für eine effektive elementarpädagogische Bildung im Sinne einer effektiven individuellen Förderung daher Grenzen zu setzen.

3.6 Individuelle Förderung verlangt Auseinandersetzung mit elterlichen Bildungserwartungen

Im Zusammenhang mit individueller Förderung sind auch die Bildungserwartungen der Eltern an die Kindertagesstätten interessant. Beispielsweise gelangt eine Erzieherin zu folgender Einschätzung:

„Es gibt Eltern, die sagen: ‚Ich möchte, dass mein Kind zufrieden ist und glücklich und eine glückliche Zeit erlebt – Schule ist noch schwierig genug.‘ Andere sind sehr leistungsorientiert und […] denken bei Bildung immer an Schule. Und Schule bedeutet Stift, Papier und Stillsitzen. Und es gibt häufig wenig Fantasie, was es eigentlich bedeutet, sich zu bilden, Lebenskompetenzen zu entwickeln. Das ist häufig für Laien sehr abstrakt."

Während für den einen von der Erzieherin wahrgenommenen Typus von Eltern die Kindertagesstätte eher ein Schonraum ist – *„Schule ist noch schwierig genug"* –, scheint der andere Typus eher eine Vorverlagerung schulischen Lernens zu wünschen. Schwierig scheint gerade bei Eltern des zweiten Typs eine Vermittlung des elementarpädagogischen Bildungsverständnisses, weil Bildung mit schulischem Lernen gleichgesetzt wird. Mit dieser Beobachtung steht die Erzieherin nicht allein. In der wissenschaftlichen Begleitstudie von Schreiber zur Einführung der Bildungspläne in Rheinland-Pfalz, für die Kita-Leitungen und Eltern telefonisch befragt wurden, wird deutlich, dass speziell schulnahe Ziele des dortigen Bildungsplans, wie Schriftspracherwerb, Förderung der Ausdrucksfähigkeit oder mathematisch-naturwissenschaftliche Bildung, von den Eltern wesentlich stärker gewünscht zu werden scheint als von den Erzieherinnenteams (Schreiber 2009, S. 436).

Erkennbar wird in unserem Material, dass soziokulturelle Unterschiede die konkreten elementarpädagogischen Bildungsziele der Eltern beeinflussen. Besonders deutlich wird dies in einem Fall, in dem die Eltern in einer Einrichtung nach Ansicht der interviewten Erzieherin die Arbeit der Kita als gelungen ansehen, wenn ihre Kinder

„zur Schule kommen, Deutsch beherrschen."

Diese Kindertagesstätte, die einen hohen Anteil von Kindern mit Migrationshintergrund versorgt, wird zu einem zentralen ersten Ort, an dem Bildung durch die Aufnahmegesellschaft stattfindet. Hier übernimmt die Kindertagesstätte eine Form von Bildung, die die Familien nicht in gleicher Weise leisten können, die Unterstützung des Erwerbs der deutschen Sprache.

In einer anderen Kita erlebt die befragte Erzieherin dagegen umfassend bildungsorientierte Eltern, deren Bildungsverständnis über schulische Bildung hinaus geht:

„Ich glaube, es liegt auch daran, dass wir sehr spezielle Eltern haben. Es sind sehr gebildete Eltern, die auch eine hohe Erwartung haben. Und was ich allerdings sehr schön finde, ist, dass die Eltern sich auch Mühe geben und interessiert sind. Sie lesen, was an den Pinnwänden steht. Sie sind sehr aktiv, was ich vorher nicht erlebt habe."

Bildung bedeutet hier mehr als Schulvorbereitung. Die Erzieherin erlebt, dass ihre Arbeit und die dahinter stehenden Überlegungen wahrgenommen und mitgetragen werden. Wie in diesem Zitat beobachten auch andere Erzieherinnen einen Wandel in Bezug auf die Wahrnehmung der Kita-Arbeit durch die Eltern. Eine seit mehr als 20 Jahren tätige Erzieherin beschreibt diesen Wandel folgendermaßen:

„Ich denke, die Eltern sind heute wesentlich interessierter, wesentlich aufgeklärter über unsere Arbeit. Und das finde ich schon positiv. Es wird mehr hinterfragt von den Eltern […]. Früher hat nie einer nachgefragt: ‚Was haben Sie für ein Konzept? Hier gibt es noch mehr Kindergärten, wir gucken uns alle an. Dort wird offen gearbeitet. Wie ist es bei Ihnen?‘ Dann merkt man das doch schon, dass auch durch die Medien positiv solche Sachen ins Rollen gebracht wurden. Auch schon allein wie früher, man hatte ja nie einen Elternbeirat. Vor zwanzig Jahren gab es das ja kaum. […] Es ist belebender geworden. Es wird mehr hinterfragt. Und das finde ich auch ganz wichtig. Das ist für mich auch gut, dass Eltern hinterfragen und nicht alles nur so hinnehmen, wie ich das mache. Ich mache ja auch Fehler. Ich sehe auch irgendwas falsch oder ich gehe irgendwo einen Weg, wo mir dann auch einer von außen sagen muss ‚Das sehe ich ein bisschen anders.‘ […] Sonst verrenne ich mich ja irgendwann.“

Im Zentrum der Beschreibung steht die zunehmende Kommunikation zwischen Eltern und Erzieherinnen. Die damit einhergehende Kontrolle der pädagogischen Arbeit in der Kita, etwa durch Anfrage eines schriftlich vorgelegten Konzepts oder durch Infragestellen des Alltagshandelns, wird von dieser Erzieherin als positiver Wandel begrüßt, der die Qualität ihrer eigenen Arbeit verbessert.

Andere Erzieherinnen dagegen erleben auch Leistungserwartungen von Eltern, denen sie aus ihrem professionellen Verständnis heraus nicht zustimmen:

„Es kommen auch Eltern, die dann vielleicht irgendwelche Artikel lesen, und die dann fordern: ‚Setzt das Kind hin, dass es möglichst schon Lesen, Schreiben, Rechnen lernt.‘ Also vollkommen falsche Erwartungen an das, was die Aufgabe des Kindergartens ist und was der leisten kann und soll. Wenn Kinder das wollen und danach fragen, gut, dann kann man ihnen ja auch was anbieten. Aber wenn die noch nicht so weit sind, dann macht es wenig Sinn, ein Kind hier an den Tisch zu zwingen und zu sagen: ‚Jetzt mach mal‘.“

Während diese Erzieherin eine von einigen Eltern gewünschte Verschulung der Elementarpädagogik ablehnt, steht die Erzieherin im nächsten Zitat einem Durchorganisieren des Alltags in der frühen Kindheit kritisch gegenüber:

„Wenn es jetzt konkret ums Englische geht, ist es so, dass ein Nachbarkindergarten da ein extra Angebot anbietet. Und wir haben gesagt, wir wollen das hier im Haus nicht, weil auch nicht alle Eltern sich das leisten können. Und die Eltern, die das gerne möchten, haben die Möglichkeit, den Englischunterricht dort mitzunutzen. Aber der Weg dahin und zurück muss durch die Eltern abgedeckt werden. Aber dann kann man im Grunde weitergehen. Denn der nächste will Ballett. Das hatten wir auch schon, dass nach Tanzen gefragt wurde. Und dann kann man hier eine komplette Stadt aufbauen und hier alles machen. Schwimmen und so weiter. Das können wir einfach nicht leisten. Meine Angst ist im Moment so ein bisschen dahingehend, dass wir als Erzieherinnen nachher nur noch die Kinder irgendwo hinschieben, so ein Verschiebebahnhof sind: ‚Ach ja, du hast ja heute Englisch. Dann müssen wir gucken, dass du von dem Richtigen abgeholt wirst. Du hast Sprachtherapie. Du gehst da hin.' Und ich selber mit den Kindern gar nicht mehr was machen kann. Ich bin nur noch Organisator. Mein Beruf verändert sich."

In diesen Zitaten wird ein Dilemma beschrieben, das Ausdruck eines gesellschaftlichen Wandels ist. Dass Eltern individuelle Förderung als Vorverlagerung schulischen Lernens oder als Kursangebot verstehen, erleben nicht nur die hier zitierten Erzieherinnen. Die große Nachfrage nach Angeboten wie beispielsweise frühem Englischunterricht zeigt die Verbreitung dieser Tendenz. Erkennbar wird hier eine Verunsicherung von Eltern, die ihren Kindern möglichst frühzeitig Bildungsvorsprünge verschaffen wollen.

Auch andere Erzieherinnen erleben das Problem, dass ihr am Kind und seiner Entwicklung orientierter elementarpädagogischer Bildungsansatz den eher schulisch orientierten und in Kursen zergliederten Bildungsvorstellungen von Eltern widerspricht:

„Für Eltern ist oft Bildung Schule […]. Oder oft sind wir damit konfrontiert, dass das schulischer werden muss. […] Dass Bildung und Lernen in der Kita anders aussehen muss als in der Schule, weil die Kinder noch andere Voraussetzungen haben als in der Schule, das erfordert natürlich nochmal viel Aufklärung, viel Kommunikation. […] Und oft ist es auch schwierig, weil Eltern so was wollen wie Englisch, Japanisch, Mathestunde und Matheförderprogramme und solche Sachen."

Der Widerspruch zwischen elterlichen Erwartungen, die als Ausdruck gesellschaftlicher Verunsicherungen verstanden werden können, und der elementarpädagogischen Sicht von Erzieherinnen muss thematisiert werden. Ansonsten läuft der Anspruch individueller Förderung Gefahr, von Eltern als Trainingsprogramm missverstanden zu werden.

> **ZUSAMMENFASSUNG:**
> Eltern sind aufgrund der im gesellschaftlichen Diskurs gewachsenen Bedeutung von Kindertagesstätten aufmerksamer für die Bildungsleistungen der Einrichtungen geworden, denen sie ihre Kinder anvertrauen. Ihre Ansprüche sind aber sehr unterschiedlich. Wesentlich ist hier das zugrundeliegende Bildungsverständnis der Eltern.
> Der Wandel in der Wahrnehmung von Bildungsmöglichkeiten in Kindertagesstätten führt dabei zu zwei gegenläufigen Bewegungen. Erstens nehmen Eltern die eigenständige Bildungsarbeit in Kindertagesstätten wahr und kommunizieren mit den Erzieherinnen darüber. Zweitens stehen Erzieherinnen aber gegenwärtig vor dem Problem, dass Eltern aufgrund ihrer Verunsicherungen Bildungsanstrengungen von Kindertagesstätten erwarten, die nicht altersangemessen sind und die individuelle Entwicklung der Kinder ignorieren.

3.7 Individuelle Förderung in der Schulvorbereitung stärkt Kinder vor dem Hintergrund ihrer individuellen Lebenslagen

Schulfähigkeit umfasst aus Sicht der befragten Erzieherinnen eine ganze Bandbreite von Kompetenzen, bei deren Entwicklung die Erzieherinnen die einzelnen Kinder unterstützen. Die Kinder sollen sich beispielsweise am Ende der Kita-Zeit im Rahmen ihrer Möglichkeiten konzentrieren können, sich selbstständig an- und ausziehen können, eine gewisse Ordnung halten können, mit Schere und Stift umgehen können, sich mit Handzeichen melden, oder auch in der Lage sein, Konflikte in einem gewissen Maß selbst zu lösen.

Beeindruckend ist im Zusammenhang mit Fragen der Schulvorbereitung aber vor allem, mit welcher Deutlichkeit die interviewten Expertinnen sich gerade für die Vermittlung solcher Kompetenzen aussprechen, in denen die Selbstständigkeit des Kindes vor dem Hintergrund seiner individuellen Verschiedenheit zum Ausdruck kommt. Hierzu einige Beispiele:

„Ganz viel Selbstbewusstsein. Dass sie ihren Mann oder ihre Frau stehen können. Die soziale Kompetenz finde ich ganz, ganz wichtig. Weil, ich sag mal, Mobbing oder ob ich nun grüne Haare habe oder rote – also irgendwas finden andere Kinder immer – aber stark genug zu sein, um denen gegenüberzutreten und zu sagen: ‚Das macht mir nichts! Dafür hab ich irgendwas anderes, einen großen Bruder oder eine kleine Schwester.' Um sich stark zu machen. Das ist eigentlich das Wichtigste und dann können sie mit allen anderen Sachen auch klarkommen oder sich zumindest Hilfe holen."

„Die müssen nicht irgendwie lesen, rechnen, schreiben, sonst was können [...]. Und wenn sie dann in der Schule vor einem fremden Lehrer in einer fremden Klasse sich hinstellen mögen, um zu sagen: ‚Das und das mag ich aber nicht tun aus den und den Gründen.' Dann sehen wir so das Beste erfüllt, was wir erfüllen können."

„Ganz viel Mut und Energie auf jeden Fall und [...] sich nicht durch manche Sachen ja so einschüchtern zu lassen. [...] Da stark zu sein und zu sagen: ‚Das bin ich hier. Das kann ich und das ist in Ordnung.'"

„Was ich auch ganz wichtig finde, ist, dass Kinder nicht verzweifeln,
wenn sie das mal nicht können. Weil es gibt auch Bereiche, da werden sie
erleben: Das ist schwer oder vielleicht auch erst mal gar nicht möglich.
Und dass sie dann aber trotzdem in ihrer Person so gefestigt sind, dass
sie das nicht grundsätzlich daran zweifeln lässt, da überhaupt weiter zu
kommen. […] In der Regel ist niemand in allen Bereichen gleich stark
und ich finde es wichtig, dass die Kinder ihre Stärken kennen und dass
sie sich auch trauen, die auch einzusetzen. Aber es muss auch o.k. sein,
wenn sie einmal nicht die Ersten sind oder wenn sie unter den Letzten
sind. Das müssen die auch mit sich, so zusagen emotional auch verhan-
deln können."

Die genannten Fähigkeiten sind auf ganz unterschiedlichen Ebenen angesiedelt. In einigen Überlegungen geht es um Selbstvertrauen, in anderen um Kompetenzen im sozialen Miteinander der Schulgemeinschaft.
Beschrieben wird auf diese Weise insgesamt aber eine allgemeine Basis,
in der wiederum der individuelle Charakter des einzelnen Kindes – *„Das*
macht mir nichts! Dafür hab ich irgendwas anderes", *„Das und das mag ich*
aber nicht tun aus den und den Gründen", *„Das bin ich hier. Das kann ich*
und das ist in Ordnung" – eine zentrale Rolle einnimmt.

Das Zusammenspiel von Selbstvertrauen und weitergehenden Fähigkeiten wird in den Überlegungen einer anderen Erzieherin als *„Grund-*
baustein" beschrieben:

„Ein Kind, denk ich, ist schulfähig, wenn es ein gutes Selbstbewusstsein,
Selbstvertrauen hat, dass es weiß: ‚Ich kann etwas. Ich brauch mich nicht
verstecken. Ich kann zu meinen Wünschen stehen.' Dass es auch in der
Lage ist, seine Wünsche und seine Bedürfnisse zu artikulieren […]. Ja,
gut, ne gewisse Konzentrationsfähigkeit, natürlich. Aber Grundvoraus-
setzung, denk ich, ist einfach wirklich die soziale, emotionale Reife. Das
ist, denk ich, der Grundbaustein, damit ein Kind die Schulfähigkeit er-
langt. Äh, wobei natürlich Grob-, Feinmotorik, ja, aber ich denke, ein
Kind, was ein gutes Selbstwertgefühl hat, das probiert auch aus und das

gibt auch nicht auf. Und wird auch in den anderen Bereichen dann bei entsprechenden Angeboten die Schulfähigkeit haben."

Persönlichkeitsorientierte Kompetenzen stehen bei diesen Überlegungen im Vordergrund. Zwar gehören auch fachspezifische Kompetenzen in die Vorstellung von Schulvorbereitung hinein, aber gedanklich baut alles auf dem Selbstwertgefühl auf. Das Selbstwertgefühl eröffnet dem Kind weitere Bildungsmöglichkeiten. Die Erzieherin sieht sich in dieser Sicht auch von Lehrerinnen bestätigt.

Eine andere Erzieherin stellt Selbstbewusstsein in einen engen Zusammenhang mit lernzielnahen Vorläuferfähigkeiten:

„Also was uns ganz wichtig ist, ist so die emotionale Stärke. Selbstbewusstsein, Selbstsicherheit, ein positives Selbstkonzept. ‚Ich kann etwas. Und ich kann ganz viel. Und wenn ich was kann, dann bin ich auch was.' So dieses Gefühl zu haben. Und sich die Neugier zu erhalten. […] Darauf ist unser Konzept auch aufgebaut. Im Grunde haben sie viel Gelegenheit, etwas Neues zu finden, wo es sich lohnt, sich dieser Aufgabe zu stellen. Und diese Aufgabe auch ja eigenverantwortlich zu lösen. Selbstständigkeit, Eigenverantwortlichkeit […], das sind so Aspekte, die uns sehr wichtig sind. Was uns schon auch wichtig ist, ist, dass die Kinder so Vorläufererfahrungen mitbringen, was Mathematik betrifft, was Lesen und Schreiben betrifft. Also es gibt durchaus Kinder, die in die Schule gehen und die Lesen und auch die Anfänge des Schreibens beherrschen. Und das eben selbst organisieren."

Selbstbewusstsein und Vorläuferfähigkeiten befinden sich in dieser Überlegung in einem Wechselspiel. Wesentlich ist die Eigenverantwortlichkeit des Kindes für sein Lernen, wobei das Kind durch die Möglichkeiten in der Kindertagesstätte unterstützt wird. Ähnlich betont eine andere Erzieherin Lernfreude als wesentliches Moment, das sie den Kindern für ihren weiteren Bildungsweg in der Schule ermöglichen will:

„Dass die Kinder eine Freude am Lernen entwickeln, eine Leistungsbereitschaft, den Willen, etwas Schaffen zu wollen. Neugierde auf neue Sachen, dass sie sich selbst motivieren können auch und dass sie, ja, dass sie sich auf Dinge konzentrieren können, auf Dinge einlassen können. Also dass, ich würde jetzt nicht irgendwelche bestimmten Thematiken zugrundelegen, sondern aus dem Interesse heraus, was die Kinder haben, gucken, dass sie diese Dinge erfahren und lernen können."

Was die Förderung fachspezifischer Fähigkeiten angeht, so ist dies als Förderungsziel ganz erheblich von der Lebenslage der Kinder und ihrer Familien abhängig. Während die Erzieherin einer Elterninitiative darauf baut, dass in den – durchweg akademischen – Familien ohnehin Bildung einen hohen Stellenwert einnimmt und *„beispielsweise Zahlen und Buchstaben sowieso in allen Familien geübt werden"*, sieht eine Erzieherin in ihrer großen Einrichtung Vorläuferfähigkeiten im Zusammenhang mit der Frage von Chancengerechtigkeit im Bildungszugang:

„Also wenn ich aus einem Elternhaus komme, wo die Eltern sehr gelassen sind und denken: ‚Och, das macht der schon. Das wird alles schon. Da sorgt auch schon die Lehrerin für', dann sind die einfach fehlentwickelt. Wenn man sieht, dass die eingeschult werden und dann kommt die Lehrerin und fragt: ‚Sag mir doch mal, welche Zahlen kennst du denn alle schon? Schreib mir die mal auf' oder ‚Welche Buchstaben kennst du denn alle schon?' Und das ist das erste Blatt und mein Kind ist am ersten Tag in der Schule – da muss Vorarbeit geleistet werden. Sonst ist da ein leeres Blatt. […] Dann finde ich, müssen wir die Vorbereitung machen. Und das muss spielerisch sein. Das Kind […] muss nicht spüren: ‚Ich lerne jetzt', sondern das muss Spaß haben am Lernen, das muss gerne lernen. Und was ich möchte, ist Kinder neugierig machen. Das möchten wir alle."

Die Erzieherin einer Kindertagesstätte, die in einem *„sozialen Brennpunkt"* liegt, sieht ihre Aufgabe dagegen in der Vermittlung grundlegender Alltagspraktiken:

„Denn viele sind von zu Hause sozial vernachlässigt und müssen eben vieles selber organisieren und regeln in ihrem Alltag, gerade auch wenn sie in die Schule kommen, wenn sie älter werden. Das merken wir hier im Hortbereich und somit ist, äh, die Selbstständigkeit auch ein ganz großer Förderpunkt. […] Also das ist ja auch so ein Nebeneffekt des sozialen Brennpunktes, dass Eltern oft nicht die Fähigkeit mitbringen oder auch die intellektuellen Fähigkeiten mitbringen, sich tatsächlich um Erziehung, um Bildung, um Fürsorge zu kümmern und dass das eben sehr stark auf der Strecke bleibt. […] Also angefangen von Körperhygiene über Nahrung, über Tagesablauf, über ja, die einfachsten Dinge der Erziehung oder ja, Sachen wie zum Beispiel mit Messer und Gabel essen oder ‚Guten Tag‘ sagen, wenn man rein kommt. Solche Dinge also.“

Die Aussagen der beiden letztgenannten Erzieherinnen zeigen unterschiedliche Ansätze, Chancengerechtigkeit zu erhöhen. Orientiert sich die Interviewte im ersten Zitat vor allem auf lernzielnahe Fertigkeiten, steht bei der Interviewten im zweiten Zitat die dem Lernen vorgelagerte Alltagsorganisation im Vordergrund. So unterschiedlich die Perspektiven auf die Bedürfnisse der Kinder in den beiden Zitaten doch sind, haben sie eins gemeinsam: In beiden Fällen wird davon ausgegangen, dass bestimmte schulvorbereitende und -begleitende Aktivitäten durch die Eltern nicht in dem Maße geleistet werden, wie es für die Kinder sinnvoll wäre. Genau an dieser Stelle setzen die Erzieherinnen an. Ziel ist es, das Kind bis zum Übergang in der Schule so zu stärken, dass es die Aufgaben, die von seinen Eltern nicht geleistet werden können, selbst übernimmt. Eigenaktivität – als zentrales Kernelement individueller Förderung – zeigt sich hier als Ziel und nicht als Ausgangspunkt elementarpädagogischen Handelns.

ZUSAMMENFASSUNG:
Aus Sicht der Erzieherinnen steht das Ziel, dem Kind Selbstbewusstsein zu vermitteln, im Zentrum der Schulvorbereitung. Zu diesem Zweck sind ganz unterschiedliche Aktivitäten notwendig, die maßgeblich vom individuellen Kind abhängen.

Darüber hinaus können Erzieherinnen Bildungsbenachteiligungen ansatzweise ausgleichen, indem sie vor dem Hintergrund der jeweiligen Lebenslage spezifische Unterstützungsangebote ausloten. Individuelle Förderung setzt an dieser Stelle erst in einem zweiten Schritt auf die Eigenaktivität des Kindes. Im ersten Schritt geht es darum, den Kindern Möglichkeiten zu eröffnen, die es in seinem familialen Umfeld nicht erhält

4. Zusammenfassung der Ergebnisse der beiden Studien

Individuelle Förderung kann als pädagogische Grundhaltung verstanden werden

Die Studie zeigt, dass der Blick der Erzieherinnen konsequent auf das einzelne Kind mit seinen spezifischen Interessen, Bedürfnissen und Fähigkeiten gerichtet ist. Dabei überwiegt das Bild vom Kind als aktivem Gestalter seiner eigenen Entwicklung. Ein solches konstruktivistisches Bild vom Kind prägt das professionelle Selbstverständnis der Erzieherinnen. In der Konsequenz ist die Erzieherin weniger eine Bildungsvermittlerin als vielmehr eine Entwicklungsbegleiterin.

Die Gestaltung der Lernumgebung, die sich an den Bedürfnissen, Fähigkeiten und Interessen des einzelnen Kindes orientiert und das Kind zur Eigenaktivität anregt, ist der Kern individueller Förderung in der Kita. Es geht nicht um eine Vorverlagerung schulischer Lerninhalte, nicht um eine zusätzliche Anreicherung des Kita-Alltags mit neuen Wissensinhalten. Eine so verstandene individuelle Förderung unterstützt das Kind in seiner Persönlichkeitsentwicklung und stärkt außerdem die jeweilige Kita, weil sie ihrem Auftrag der Erziehung, Bildung und Betreuung entspricht.

Individuelle Förderung kann in jeder Kita stattfinden

Ein zentrales Ergebnis der Studie ist, dass individuelle Förderung grundsätzlich in jeder Tageseinrichtung für Kinder stattfinden kann und in vielen auch stattfindet. Die Studie zeigt eindeutig, dass individuelle Förderung weder vom Träger noch vom pädagogischen Konzept oder der Organisationsform der Gruppen abhängt. Allein was die Einrichtungsgröße angeht, lässt sich eine kleine Nuancierung feststellen. Denn in der Tendenz arbeiten Erzieherinnen, die individueller Förderung gegenüber positiv eingestellt sind, eher in größeren Einrichtungen.

Insgesamt ist festzuhalten, dass das Nebeneinander verschiedenster pädagogischer Ansätze, das die deutsche Landschaft von Tageseinrichtungen für Kinder prägt, der Verbreitung einer Grundhaltung individueller Förderung nicht im Weg steht.

Individuelle Förderung bedarf struktureller Voraussetzungen

Erzieherinnen leisten individuelle Förderung nicht alleine, sondern immer in Abstimmung mit den Gruppenkolleginnen oder dem Kita-Team. Daher müssen in den Einrichtungen Strukturen vorhanden sein, die eine entsprechende Vor- und Nachbereitung gewährleisten können. Als hilfreich erweisen sich festgelegte Zeiten zum inhaltlichen Austausch, in denen gemeinschaftlich Aktivitäten geplant und reflektiert werden können und in denen zusätzlich Zeit für Einzelfallbesprechungen zur Verfügung steht. Hier besteht noch erheblicher Entwicklungsbedarf, denn nach den Ergebnissen der Online-Befragung stehen solche Zeitfenster nur in etwa der Hälfte der Einrichtungen zur Verfügung. In den persönlichen Interviews beschreiben einige Erzieherinnen sogar, dass sie aufgrund der fehlenden Möglichkeiten im Arbeitsalltag dazu übergegangen sind, solche Besprechungen in ihrer Freizeit durchzuführen. In manchen Fällen führt die fehlende Zeit für Reflexion dazu, dass nicht alle Kinder gleichermaßen wahrgenommen werden können.

Wichtig ist auch der Hinweis, dass sich unter den gegebenen Rahmenbedingungen, wie dem Personalschlüssel von zwei Erzieherinnen für eine Gruppe von 25 Kindern in Regeleinrichtungen, individuelle Förderung nicht für jedes Kind in der täglichen Praxis umsetzen lässt. Auch wenn es der pädagogischen Grundhaltung entspricht, jedes Kind individuell fördern zu wollen, scheiterte dies oft an den Erfordernissen des Alltags. Kinder mit sozial erwünschtem Verhalten erfahren infolgedessen weniger Aufmerksamkeit und damit auch weniger oder keine individuelle Förderung.

Zeit spielt grundsätzlich eine wichtige Rolle. So ist das individuelle Entwicklungstempo der Kinder zu berücksichtigen. Auch brauchen die jeweiligen Bedürfnisse und Interessen unterschiedlich viel Raum. Erst durch die Anerkennung dieser individuellen Zeitbedürfnisse können sowohl die Erzieherin als auch das Kind selbst wahrnehmen, welche Erfahrungen für die jeweils anstehenden Entwicklungsaufgaben gerade relevant sind. Individuelle Förderung braucht in der Konsequenz Zeit, die nicht vermessen und verplant ist.

Die Beziehungsqualität nimmt eine Schlüsselrolle ein

Die professionelle Beziehung zum Kind ermöglicht es der Erzieherin, das Kind in seiner Einmaligkeit zu achten und wertzuschätzen. Andersherum stellt diese Achtung und Wertschätzung eine wesentliche Voraussetzung für den Aufbau von gelungenen Beziehungen dar. Zugleich gilt es, die unterschiedlichen Bedürfnisse eines jeden Kindes nach Nähe oder Distanz beziehungsweise nach Sicherheit oder Freiheit in der Kita zu achten. Für die Erzieherin bedeutet es, das eigene pädagogische Verhalten diesem Bedürfnis fortwährend anzupassen.

Dem Bedürfnis der Kinder sowohl nach Sicherheit als auch nach Freiheit kann in allen Organisationsformen entsprochen werden. Die Strukturen der Einrichtungen sind als Antworten zu verstehen, die sich aus der Verschiedenheit des professionellen Selbstverständnisses der Erzieherinnen und der unterschiedlichen pädagogischen Konzeptionen ergeben.

Offene Beobachtung ist die Basis für das Handeln im pädagogischen Alltag

Die Studie zeigt, dass die Fachkräfte offene Beobachtung und eigene Verfahren favorisieren. Standardisierte Verfahren bewähren sich dagegen nur dann im Kita-Alltag, wenn sie mit der Erzieherinnentätigkeit und mit der Beziehung zum Kind im Einklang stehen. Zum einen entspricht die standardisierte Beobachtung nicht der professionellen pädagogischen Grundhaltung, da hierdurch Normierungen oder Defizite in den Vordergrund rücken. Zum anderen lassen sich viele standardisierte Beobachtungsverfahren schlecht in den Kita-Alltag einpassen. Die Bearbeitung von Beobachtungsbögen wird in der Konsequenz oftmals als zusätzliche Belastung betrachtet, die das pädagogische Handeln nicht beeinflusst, sondern Zeit für die direkte Arbeit am Kind raubt. Letztendlich dient sie lediglich als Grundlage für Entwicklungsgespräche mit Eltern oder Lehrerinnen.

Die Professionalität vieler Erzieherinnen zeigt sich darin, dass sie ihre offenen Beobachtungen intersubjektiv absichern, indem sie gezielt Gespräche mit Kolleginnen zur Überprüfung ihrer Einschätzungen suchen. Zusätzlich gelingt es den Erzieherinnen teilweise, standardisierte Verfahren kreativ zu nutzen und damit das pädagogische Handeln zu bereichern.

Sowohl mit der offenen als auch mit der standardisierten Beobachtung kann die Erzieherin der Verschiedenheit der Kinder gerecht werden. Ein ressourcenorientierter Beobachtungsblick im Sinne einer Anerkennung dieser Verschiedenheit braucht dabei Übung und gewinnt durch die Rücksprache mit Kolleginnen.

Individuelle Förderung ist ein Balanceakt

Die Umsetzung individueller Förderung im Kita-Alltag stellt sich als Balanceakt auf vielerlei Ebenen dar. So muss die Erzieherin-Kind-Beziehung permanent austariert werden, um den jeweiligen Bedürfnissen der Akteure beispielsweise nach Nähe oder Distanz gerecht zu werden. Auch muss die Erzieherin immer wieder aufs Neue entscheiden, ob sie sich in Spielsituationen einmischt oder Beobachterin bleibt. Hier gilt es, eine Balance zu halten zwischen dem Vertrauen auf die Eigenaktivität des Kindes und unterstützendem Erzieherinnenhandeln. In der Beobachtung besteht indes der Balanceakt darin, einerseits die Ressourcen des einzelnen Kindes in den Blick zu nehmen und andererseits die Defizite nicht aus den Augen zu lassen. Ferner wird der Umgang mit Zeit von der Erzieherin als komplexer Balanceakt erlebt, der sowohl die tägliche Arbeit beeinträchtigt als auch Einfluss auf ihr Selbstverständnis als Erzieherin hat. Es gilt zu entscheiden, wie viel Zeit für die direkte Arbeit am Kind beziehungsweise für Planung, Gestaltung und Reflexion verwendet wird. Wie viel der täglichen Betreuungszeit bleibt unverplant, wie viel wird vorstrukturiert?

Erzieherinnen müssen auf die Anforderungen, die von außen an sie herangetragen werden, ebenso reagieren, wie sie ihren eigenen Überzeugungen gerecht werden müssen. Dieser Balanceakt wird beispielsweise in der Schulvorbereitung sichtbar. Obwohl die Mehrheit der Erzieherinnen es als ihre wichtigste Aufgabe ansieht, das Kind durch Persönlichkeitsstärkung auf die Herausforderungen in Schule vorzubereiten, sehen sie sich gleichzeitig in der Rolle, konkrete schulspezifische Fähigkeiten und Fertigkeiten, wie stillsitzen und zuhören können oder phonologische Bewusstheit, zu fördern. Ebenso werden die gesellschaftlichen Anforderungen, die beispielsweise von Eltern an die Kita herangetragen werden, als Herausforderung erfahren. So muss beispielsweise die Balance zwischen den Polen gefunden werden, ein möglichst breites Angebot an Frühfördermaßnahmen zu präsentieren und zugleich die jeweiligen Entwicklungsbedürfnisse der Kinder als handlungsleitende Maxime ins Zentrum der täglichen Arbeit zu stellen.

Individuelle Förderung kann als komplexe Antwort auf Verschiedenheit und Heterogenität im professionellen Alltagshandeln der Kita verstanden werden, weil mit ihr sowohl das einzelne Kind als auch die Gruppe in den Blick genommen wird.

TEIL III
Vertiefungen und Seitenblicke

1. Kreativität – Selbstkompetenz – Individuelle Förderung
Ekkehard Ossowski

DIE ZENTRALE FRAGE dieser Erörterungen lautet, welche Zusammenhänge zwischen Kreativität und Selbstkompetenz bestehen und wie diese für eine Praxis individueller Förderung von Kindern in Kindertagesstätten und Grundschulen genutzt werden könnten. Nach einer Auseinandersetzung mit den Begriffen und Konzepten Kreativität, Selbstkompetenz und individuelle Förderung wird anhand eines Beispiels aus der pädagogischen Praxis illustriert, welche ästhetisch-gestalterischen Möglichkeiten es für eine kreativitäts- und selbstkompetenzorientierte Praxis in Kindertageseinrichtungen (und Grundschulen) geben könnte.

Kreativität – Mythos oder ernst zu nehmendes Förderziel?
Obgleich nach wie vor weder die Wissenschaften noch landläufige Annahmen präzise und befriedigend zu erklären vermögen, was Kreativität bzw. kreatives Verhalten ist, geschweige denn, wie sie entsteht, wie sie sich entwickelt, wie sie sich äußert oder wie sie sich beispielsweise von Intelligenz abgrenzen lässt, wird ihr Vorhandensein vorausgesetzt. Kreativität erlebt z.B. im Kontext der Begabungsforschung, in der Diskussion um die Heranbildung von Führungskräften für die Wirtschaft oder als Ziel jedweder Bildung und Förderung gegenwärtig eine Renaissance. Man lese dazu z.B. das Amtsblatt der Europäischen Union vom

7.6.2008 zur „Förderung von Kreativität und Innovation durch allgemeine und berufliche Bildung" (2008). Gesetzt den Fall, dass man das Phänomen und Konstrukt der Kreativität als existent und legitim erachtet, akzeptiert man auch die historisch gewachsene Annahme, dass Kreativität eine mehr oder minder stabile Persönlichkeitseigenschaft oder zumindest ein jedem Menschen innewohnendes Potenzial ist, das sich im Wechselspiel zwischen Anlage und Umwelt entfalten kann. Daraus folgt, dass die Entfaltung solcher Potenziale von außen beeinflussbar, also auch pädagogisch zu fördern ist. Doch dann sollte man in Hinblick auf eine gezielte Förderung wenigstens annähernd wissen, was denn da nun gefördert werden könnte (vgl. Ossowski 2006).

In der öffentlichen Meinung wird Kreativität mit innovativer Problemlösung, Begabung, künstlerischer Schöpferkraft, Erfindungsreichtum, mit unbewussten Denkprozessen oder sogar einem gewissen Wahnsinn verbunden. Auch die Wissenschaften, vornehmlich Pädagogik und Psychologie, forschten und forschen unter solchen Merkmalskategorien. Aber es gibt Wissenschaftler, z.B. Robert W. Weisberg (1989), die eindringlich davor warnen, einem Mythos oder, wie es Hartmut von Hentig (1998) formulierte, „einem schwachen Begriff" aufzusitzen. Von Hentig will Kreativität „nicht in den Dienst einer herrschenden Ordnung oder gegebenen Einrichtung" (1998, S. 68) sowie einer daran oberflächlich ausgerichteten Bildung und methodisch fragwürdigen Förderung genommen wissen. Er plädiert dafür, die „großen alten Tugenden" wie Anstrengung, Fleiß, Sorgfalt, Disziplin und Fantasie zu bemühen und vor allem ein „befreites Denken" (S. 72). Ein von Ängsten, Zwängen und Routinen befreites Denken betrachtet er ähnlich wie Weisberg als normales Denken, das letztlich aus normalen Problemen erwächst, wie er es an Beispielen kindlicher Aufgabensetzungen verdeutlicht. Seiner Meinung nach sind es die Faktoren, die die Kreativität hemmen und die das freie Denken beeinträchtigen, um die man sich in der Bildungsforschung künftig intensiver zu kümmern habe. Für die „machtvollsten Verhinderer" von Kreativität hält von Hentig (S. 72) die „Sättigung […], die Folgen des Reichtums" und die „gute pädagogische Absicht". Dem gegenüber betrachten zumindest die aktuelle Begabungsforschung oder auch die moderne Persönlichkeitspsychologie Kreativität als zwar hoch komplexe, aber gegebene Fähigkeit zur flexiblen Problemlösung außerhalb herkömmlicher Denkmuster (vgl. z.B. Kuhl 2001).

In einigen Modellen der Hochbegabungsforschung wird Kreativität als unabdingbares Element von (Hoch-)Begabung gesetzt, ohne dass allerdings der Begriff der Kreativität eine wissenschaftlich fundierte Klärung erfahren hätte. Es kann hier nicht das Anliegen sein, in eine neue Diskussion um Sinn oder Unsinn des Kreativitätsbegriffs einzusteigen, aber das Bewusstsein einer „gewissen Fragwürdigkeit" sollte immer ein Basiselement der kritisch-reflexiven Fördermentalität von Fachkräften auch in Kindertagesstätten bilden.

Erkenne und steuere dich selbst – Selbstkompetenz

In der Forschung wurden und werden häufig Merkmale der kreativen Persönlichkeit genannt, die auf einen engen Zusammenhang mit der Entwicklung und Ausgestaltung des Selbst bzw. des Selbstkonzepts oder Selbstwertgefühls schließen lassen (z.B. bei Rogers 1976; Kuhl 2001). Es werden z.B. Selbstsicherheit, Angstfreiheit und Offenheit, aber auch Frustrationstoleranz, Durchhaltevermögen oder Problemsensitivität genannt. Ein stabiles und realistisches Selbstkonzept sowie ein positives Selbstwertgefühl eines Kindes gelten gemeinhin als wesentliche Voraussetzung für die Entfaltung seines kreativen Potenzials. Dieser Zusammenhang stellt sich wissenschaftlich jedoch etwas differenzierter dar, denn auch sensible Menschen mit einem instabilen Selbstkonzept können durchaus zu kreativen Höchstleistungen imstande sein, wie unschwer z.B. bei einigen berühmten Künstlern zu sehen ist. Diese Qualitäten des Selbst resultieren im Zusammenspiel mit positiven familiären Einflussfaktoren (z.B. eine sichere Bindung) aus Erfolgserlebnissen, die ein Kind in der Erschließung seiner Umwelt, in der Auseinandersetzung mit alltäglichen Anforderungssituationen, in der Bewältigung spezifischer Aufgaben in Kita und Grundschule sowie mit seinen großen Entwicklungsaufgaben gemacht hat. Kinder lernen im aktiven und reaktiven Auseinandersetzungsprozess nach und nach nicht allein Dinge über ihre Umgebung, sondern auch über ihr Selbst und konstruieren daraus ihr Selbstkonzept als Wissen über sich selbst: Sie nehmen sich selbst wahr, schätzen sich selbst ein. Sie erkennen, wie sie reagieren, wie sie lernen, wie sie mit welchen Strategien an Aufgaben herangehen, wie sie Erfolge einheimsen, aber auch, wie sie mit Zurückweisungen, Niederlagen und Misserfolgen umgehen. Dazu gehören auch subjektive Einschätzungen der eigenen Interessens- und Motivationslagen, des Durchhaltevermögens, des Angstniveaus, der Konzentrationsfähigkeit oder ob und inwieweit das erreichte Ergebnis die Folge eines selbst- oder fremdgesteuerten Handelns ist oder auch nur reiner Zufall.

Dass insbesondere sehr jungen Kindern gemeinhin grundsätzlich kreative Fähigkeiten attestiert werden, scheint zumindest insofern legitim zu sein, als dass sie ihre Identität und ihre Selbsteinschätzung eben noch nicht gefestigt haben, noch nicht so viel über sich selbst und die Welt oder Problemlösungsstrategien wissen, und deshalb sehr viel mit sich selbst und der Welt ausprobieren müssen. Dies kann dann zu für uns Erwachsene oft verblüffenden und originellen Einfällen führen. Kinder würden so gesehen im Vergleich zum eher angepassten, konvergenten Denken vieler Erwachsener häufig eher divergent denken und somit eines der wesentlichen „klassischen" Kreativitätskriterien, wie sie der „Vater" der Kreativitätsforschung, J. P. Guilford, gesetzt hatte, erfüllen. Es sei hier ausdrücklich betont, dass sich die Erkenntnisse aus der modernen Forschung zur Komplexität kognitiver, emotionaler und motivationaler Prozesse kreativen Denkens und Handelns sehr viel differenzierter und teilweise auch widersprüchlicher erweisen, als an dieser Stelle darstellbar ist.

Unterzieht man den Begriff der Selbstkompetenz nun einer näheren und zunächst assoziativ angelegten Betrachtung, so fallen einem sicherlich eine Reihe von verwandten, ähnlichen oder gar synonymen Begrifflichkeiten ein, die zum Teil auch wissenschaftliche Relevanz genießen: Sensibilität gegenüber sich selbst, präzise Selbstwahrnehmung oder Selbstkenntnis könnten die Voraussetzung sein, Selbstkontrolle und Selbstdisziplin oder Selbststeuerung und Selbstmanagement mehr oder weniger die Synonyme für die eigentliche Selbstkompetenz. Wissenschaftlich betrachtet kann man z.B. nach Kuhl (2001, S. 695ff.) Selbstkompetenz als „Selbststeuerungskompetenz" verstehen, zu der Selbstregulation (z.B. Selbstmotivation, Misserfolgskontrolle, Entscheidungssteuerung, Selbstberuhigung und Emotionskontrolle) sowie Selbstkontrolle (Selbstdisziplin, Zielverfolgung, Impulskontrolle, Initiative und Planen) gehören. Hier sei unter der Selbstkompetenz das Potenzial eines Kindes verstanden, das es nach und nach in die Lage versetzt, sich selbst z.B. hinsichtlich eigener Fähigkeiten, sozialer Verhaltensweisen und Interessen sowie Lernstrategien realistisch wahrzunehmen und einzuschätzen, z.B. seine Emotionen und affektiven Impulse selbst zu steuern, Zielsetzungen auch angesichts von Frustrationen beizubehalten, sich selbst zu motivieren und zu aktivieren, sich selbst zu beruhigen und eigene Entscheidungen zu treffen sowie über sich selbst zu reflektieren. Interessant im Zusammenhang mit Kreativität und Selbstkompetenz im Sinne von Selbststeuerung sind Forschungsergebnisse in Bezug zu Kreativität, die besagen, das betont nicht nur Kuhl, dass Kreativität nicht von der Entwicklung des Selbstsystems und der damit einhergehenden Selbstkompetenz bzw. Selbststeuerung zu trennen sei. Beispielsweise spielen das Aushalten und Bewältigen, also die Selbstregulation bei Misserfolgen und den damit verbundenen Frustrationen („Frustrationstoleranz"), eine wesentliche Rolle beim erfolgreichen Problemlösen. Kuhl betont ausdrücklich, dass „Kreativität und komplexes Problemlösen ohne *persönliches Engagement*, ohne Selbstbezug nicht optimierbar sind" (Kuhl 2001, S. 1094).

Wichtig für den pädagogischen Kontext von Lernen und Leistung, insbesondere aber der Förderung von Kreativität dürfte die Erkenntnis sein, dass die spätere Qualität der Selbstkompetenz von einer zeitnahen und warmherzigen Reaktion einer Bezugsperson (Mutter, Vater, Erzieherin) auf positive oder negative Gefühlsäußerungen des Säuglings und Kleinkindes abhängt. Das Kind registriert, dass auf seine Aktion eine Reaktion erfolgt, dass ihm Ermunterung oder Trost zuteil wird. D.h., seine Handlung erzeugt eine Reaktion, die es als selbst verantwortet erlebt. Für eine solche Entwicklung von Selbstkompetenz scheint weiterhin die Sensibilisierung des Kindes für seine eigenen Affekte und Stimmungen von großer Bedeutung zu sein. Die unterschiedlichen Reaktionen seiner frühen Bezugspersonen auf seine Äußerungen spiegeln ihm die Unterschiedlichkeit seiner eigenen Affekte und Stimmungen. Wichtig in diesem Zusammenhang ist auch, dass dies wesentliche Voraussetzungen für die selbstgesteuerte Bewältigung von Misserfolgserlebnissen, Motivationsschwächen und negativen Gefühlszuständen im Kindes- und Jugendalter sind. Lebensbewältigungskompetenz, Leistungsfähigkeit und Kreativität resultieren eben nicht aus ständigen positiven Rückmeldungen, sondern aus der selbstgesteuerten Bewältigung von Hindernissen, ohne dass sofort regulierende Einflussnahmen von außen erfolgen. D.h. Kinder benötigen z.B. in Leistungssituationen ein gewisses Zeitfenster, das in den Schulen unter echtem wie vermeintlichem Druck leider allzu oft nicht gewährt wird und möglicherweise auch nicht im Rahmen individueller Förderung.

Ob Aufgaben, die insbesondere in der Schule fremdbestimmt gestellt werden, motiviert angegangen werden, hängt u.a. auch ab, inwieweit das Kind dabei einen Bezug zu sich selbst herstellen kann, der nicht allein an ein Interesse für das Thema oder die Aufgabe gekoppelt sein muss, sondern auch an die selbstbezogenen Perspektiven, die sich aus einer möglichen Bewältigung der Aufgabe ergeben. Hier liegt die große Chance der Kindertagesstätten, denn sie können mit den Kindern zusammen Aufgaben entwickeln, die für sie, zumal in ihrem eher spielerischen Kontext, niederschwellig sind. D.h., derartige Aufgaben unterliegen hier, im Gegensatz zur Schule, nicht den fremdbestimmten, normierten und unter Zeitdruck zu absolvierenden Anforderungen.

Der Begriff der Selbstkompetenz repräsentiert ein hochkomplexes Zusammenspiel von psychischen Faktoren, das hier kaum adäquat abgebildet werden kann. Festzuhalten ist, dass die Qualität der sich im frühen Kindesalter anbahnenden Selbstkompetenz, z.B. in Form einer Sensibilität für das eigene Selbst, für eigene Ziele, Handlungsabsichten,

Gefühle, Stimmungen und Bedürfnisse, von der Qualität früher Bindungen abhängt. Ebenfalls von Bedeutung ist hier die Fähigkeit, Frustrationen auszuhalten oder negative Impulse zu kontrollieren. Kreativitätskriterien wie Problemsensitivität, Flexibilität, Frustrationstoleranz und Durchhaltevermögen korrespondieren offensichtlich sehr eng mit diesen Qualitäten.

Unabdingbar für eine effektive bindungs- und damit selbstkompetenzorientierte Praxis im elementarpädagogischen Bereich ist das Wissen um die enge Verknüpfung von (Selbst-)Entwicklung und Bindung. Eine enge Bindung zwischen Fachkraft und Kind schafft (Selbst-)Vertrauen und reduziert die Ängste des Kindes auf ein Niveau, das Sicherheit vermittelt und Freiheit für kreatives Denken lässt. Daraus folgt für die Arbeit in Kindertagesstätten, dass der professionelle Aufbau und die Ausgestaltung einer „sicheren Bindung" der Fachkräfte zum Kleinkind eine wesentliche Voraussetzung für die Entwicklung von Selbstkompetenz und Kreativität ist. Die Kinder müssen auf dieser Basis Gelegenheiten erhalten, sich selbst zu bilden, ihr Selbst zu bilden sowie sich ein Bild über sich selbst zu machen.

Offen bleibt die Frage eines kreativen Umgangs mit sich selbst. Die beschriebenen Komponenten bzw. Qualitäten von Selbstkompetenzen beziehen sich auf die Steuerung des Selbst in Hinblick auf die Fähigkeit und Motivation, kreative Leistungen vollbringen zu können und zu wollen. Wenn z.B. von einer Sensibilität für die eigenen Stimmungen und Gefühle die Rede ist, dann könnte der Umgang mit sich selbst als Selbststeuerung doch durchaus ein „Problem" darstellen (z.B. „Ich kann mich heute so schlecht konzentrieren"; „Ich habe überhaupt keine Lust"). Erkennt man angesichts als lösbar eingeschätzter Aufgaben, dass man trotzdem und immer wieder „keinen Bock" hat, derartige Aufgaben zu lösen, und weiß dennoch, dass es sein muss, dann versucht man natürlich, sich selbst zu steuern und den „inneren Schweinehund" zu bekämpfen. Aber selbst wir Erwachsenen finden häufig kein Rezept, keine Strategie, diesen Kampf erfolgreich zu führen; stattdessen greifen wir auf Verdrängungs- und Kompensationshandlungen zurück. Für Kinder stellen sich solche Probleme mit sich selbst zwangsläufig oft als noch größer dar. Abgesehen von latenteren (Motivations-)Problemen mit sich selbst können bis dahin gewohnte und bewährte Selbstregulierungs- und Selbstkontrollmechanismen plötzlich auch versagen. Insofern kann die effektive Steuerung des Selbst ein Problem sein, das erkannt und nur mit ungewöhnlichen Denk- und Handlungsmustern gelöst werden kann. Das eigene Selbst wird so zum Objekt kreativer Problemlösungsansätze. Eine Perspektive, die Relevanz für die Zielrichtung und Ausgestaltung individueller Förderung haben könnte. Demgemäß würde eine auf Kreativität und Selbstkompetenz abzielende individuelle Förderung von Kindern in Kindertagesstätten sowohl auf die Bewältigung äußerer (z.B. späterer schulischer) als auch innerer (auf das Selbst bezogener) Aufgaben abheben.

Yes, I can...! Kreativität und Selbstkompetenz als Ziel individueller Förderung mit ästhetischen Mitteln

Obwohl Kreativität bekanntermaßen nicht allein das Künstlerisch-Musische meint, sondern sich auf alle Bereiche menschlichen Schaffens bezieht, und es insofern natürlich „riskant" ist, ausgerechnet die traditionelle Assoziation zwischen Kunst und Kreativität zu reaktivieren, soll der Fokus in Bezug auf eine praxisnah angelegte individuelle Förderung hier auf einem ästhetisch-gestalterischen Ansatz liegen. Kunst wird in diesem Kontext nicht als elitär-geniale Künstler-Kunst verstanden, sondern als ästhetisch-befreite und befreiende Form der Auseinandersetzung mit dem Ich und der Welt. D.h., dass ästhetisches Tun weitgehend von normativen Zwängen und Leistungsstandards befreit ist und Genuss bewirken kann. So gesehen liegt Kunst quer zu allen Anforderungsbereichen und Problemstellungen des Lebens. Künstlerisches Denken und Handeln ist frei von Tabus, von bürokratischen Beschränkungen und von kulturellen Zwängen. Es bricht herkömmliche Denk- und Wahrnehmungsmuster sowie die immer gleichen und normierten Verwendungen von Alltagsgegenständen und Problemlösungsstrategien auf.

Ästhetisch-sinnliche Erfahrung und im weitesten Sinne künstlerisches Tun gehören zweifellos zu den spielerisch vollzogenen Grundbestrebungen von Kindern. Auf diese natürliche Weise eignen sie sich Welt und Selbst an. Jedes gemalte Bild, ob als selbst- oder fremdbestimmte Aufgabe, enthält Facetten von Selbstwahrnehmung und Selbstausdruck. Insofern ist eine ästhetisch-kreative Förderung für die Kinder relativ barrierefrei. Ihre sprachliche Ausdruckskraft ist im Vergleich zu Erwachsenen noch begrenzt, aber dafür verfügen sie über, wie es in der Reggio-Pädagogik heißt, 100 andere Sprachen, die in ihrer ästhetischen Vielfalt die Ausdrucksfähigkeit von Erwachsenen zu übertreffen vermögen. D.h., die übergreifende und integrierende Klammer für eine Kreativitätsförderung in Kindergarten und Grundschule, welche die Grundebenen kreativen Denkens und Handelns, nämlich Kunst, Naturwissenschaft und Technik sowie Sozialität und Emotionalität verbindet, wäre die Ästhetik als sinnliche Erfahrung und gestalterisches Tun. Eine derartig ästhetisch angelegte individuelle Förderung bezöge also z.B. mathematische oder sprachliche Schwerpunkte mit ein.

Die geeignete Klammer für die individuelle Förderung von Selbstkompetenz und Kreativität ist in einem ästhetisch geprägten und damit für Kinder „natürlichen" Lernprozess zu suchen. Mögliche, hier exemplarisch formulierte Zielsetzungen einer solchen individuellen Förderung lägen beispielsweise in der Stärkung der Sensibilisierung von Selbstwahrnehmung („Wer bin ich?", „Was kann ich?", „Was will ich?", „Welche Gefühle habe ich?"), der Frustrationstoleranz („Ich finde gerade keine Lösung, macht aber nichts", „Ich habe einen Fehler gemacht", „Ich ärgere mich nicht"), des Durchhaltevermögens („Ich versuche es noch einmal") sowie der eigenen Selbststeuerung („Ich muss mich jetzt aber konzentrieren") als Grundbestandteilen von Selbstkompetenz, die einen kreativen und „selbstbewussten" Umgang mit Aufgaben, mit dem Selbst und seiner Steuerung sowie mit dem Lernen ermöglichen.

Da individuelle Förderung, die insbesondere in der Schule leider oft nur als „didaktische Strategie" zu besseren Leistungen im Sinne gesellschaftlicher Erwartungen missverstanden wird, die gesamte Persön-

lichkeit des Kindes inklusive seiner Lerngeschichte im Auge haben sollte, kommt der Qualität der Förderbeziehung zwischen Fachkraft und
Kind große Bedeutung zu. Sie ist, wie am Beispiel der Bindungsqualität
gezeigt wurde, mit ausschlaggebend für die Entwicklung von Selbstkompetenz. Hinzu sollte eine gewisse zeitliche Flexibilität bzw. Geduld
im Förderprozess treten, um den Kindern angesichts einer Aufgabe über
das problemlösende Denken und Handeln hinaus die Möglichkeit zur
„Überprüfung" und Steuerung ihres Selbst zu geben. Optimal wären
auch inhaltlich relevante, aber doch selbst gewählte Aufgaben, weil dadurch ein hoher Selbstbezug gewährleistet wäre und/oder die Integra-
tion ästhetischer Medien (Foto, Video …), Materialien und Tätigkeiten.

Im Rahmen eines kreativ-therapeutischen Projekts mit Kindern im
Vor- und Grundschulalter, deren Mütter psychisch erkrankt waren und
die aus kulturell und sozial heterogenen Zusammenhängen stammten,
wurden z.B. auch schulische Themen aufgegriffen, in denen die Kinder
konkreten Förderbedarf hatten. Ein ca. zehnjähriger Junge tat sich sehr
schwer mit der Mathematik bis hin zu totaler Aufgabenverweigerung.
Im gemeinsamen Gespräch mit einer im Projekt arbeitenden Lehramts-
studentin einigte er sich mit ihr darauf, das Problem gestalterisch anzu-
gehen und unter ein Thema zu stellen. Es lautete: „Die verflixten Zahlen
und ich". Obwohl er selbst an der Formulierung des Themas beteiligt
war, stellte allein das für den Jungen eine gewisse Hemmschwelle dar.
Daran wurde deutlich, dass ein hoher negativer Selbstbezug vorhanden
war, der große Anforderungen an seine Selbststeuerung stellen würde.
Deshalb war es wichtig, dass er nicht gezwungen wurde, ein Bild zu seinem Thema zu malen, sondern eine freie Auswahl an Gestaltungsma-
terialien (Holz, Knete, Metallreste, Stoff, etc.) hatte. Dies gewährleistet
eine hohe Identifikation und damit einen engen Selbstbezug. Selbst ge-
wähltes Material reizt z.B. durch seine Beschaffenheit, vermittelt den
Eindruck, handhabbar zu sein, also das Selbst und die eigenen Fähigkeiten nicht zu überfordern. Der Junge, der sich sehr für Technik interessiert, wählte Metallreste, deren Verarbeitung ihn zwar dann doch zu
überfordern drohte, die er aber nach einigen fehlgeschlagenen Versuchen

und überwundener Frustrationen selbstgesteuert, erfolgreich und originell bewältigte. Natürlich half dabei auch der nicht auf die mathematische Leistung abhebende Zuspruch der Studentin. Dieses Wechselspiel zwischen Scheitern und Neubeginn, zwischen Frustration und Motivation regte im kreativen Prozess offenbar Selbststeuerungsprozesse (z.B. Selbstwahrnehmung, Frustrationstoleranz, Durchhaltevermögen, Problemlösung auch hinsichtlich des eigenen Selbst) an. Förderlich hierbei waren sicherlich der zunächst nicht schulisch-mathematischen Zugriff, die durch die Beteiligung an der Themenwahl geschaffene Identifikation mit der Aufgabe sowie die freie Wahl von (Selbst-)Ausdrucksmaterialien. Die mathematisch orientierte Förderabsicht wurde dennoch nicht verlassen; sie setzte eben „nur" an der Basis an: am Selbst des Jungen.

Die entstandene Metall-Collage des Jungen stand als Symbol, als kreativ gelöstes, „vergegenständlichtes" Problem für einen erfolgreichen Umgang mit Zahlen und – last but not least – für eine effektivere Selbststeuerung bzw. verbesserte Selbstkompetenz. Der Junge erkannte auch durch die hohe Identifikation mit seiner Gestaltungsarbeit, dass er an keiner mathematischen Unfähigkeit litt, sondern dass es sich vielmehr um teilweise ungeeignete Strategien im Umgang mit mathematischen Aufgaben und mit sich selbst handelte.

Dieses Beispiel bezieht sich auf ein älteres Kind im Grundschulalter; es lässt sich aber vom Grundgedanken her problemlos auf die Arbeit mit Kleinkindern übertragen. Gerade das bei Kleinkindern natürlich gegebene Bedürfnis nach sinnlicher Wahrnehmung und spielerischer Gestaltung von Welt und Selbst legt nahe, mittels ästhetischer, den Selbstbezug des Kindes anregender Angebote sprachliche, mathematische und naturwissenschaftliche Lernbereiche integrierende Erfahrungsmöglichkeiten zu schaffen. Die späteren kreativen Problemlösungsfähigkeiten, also der schulische Erfolg eines Kindes hängen von einer bereits in der Kindertagesstätte durch sichere Bindungen grundgelegten Selbsterfahrung, Selbststeuerung und somit Selbstkompetenz ab.

Ausgewählte Prinzipien einer ästhetisch-gestalterischen Förderpraxis

Aus den geschilderten Aspekten einer auf Kreativität und Selbstkompetenz abzielenden individuellen Förderung könnte man folgende Handlungsprinzipien ableiten:

Individuelle und interessengeleitete Identifikation mit Materialien und Gegenständen:

Um Kreativität und Selbstkompetenzen über ästhetische Erfahrungen zu fördern bzw. zu entdecken, sollte für eine reichhaltige Auswahl an Materialien und Angeboten gesorgt werden. Dazu sollten nicht allein die üblichen Kunstutensilien und Instrumente gehören, sondern unbedingt auch ganz andere Gegenstände, wie zum Beispiel: Mikroskope, Motorenteile oder Platinen aus Elektrogeräten. Zusammen mit z.B. Malkreiden kann man auch Schrott und Kunststoffverpackungen auf einem Materialtisch anbieten.

Ideenvielfalt und Originalität

Die Kinder sollten Zeit und Muße haben, zu be-greifen, die Dinge zu erkunden, mit ihnen zu experimentieren und mit ihnen Handlungsideen und Hypothesen zu entwickeln. Es sollte zugelassen und sogar unterstützt werden, wenn sie Dinge, Funktionsweisen oder auch Erfahrungen, ob technisch und/oder gestalterisch, miteinander kombinieren, die nach konventionell-logischer Denkart Erwachsener nicht zusammengehören, oder wenn sie Dingen eine neue Funktion geben. Dazu gehört es auch, das Spektrum an Selbstkompetenzen bzw. Selbststeuerungsstrategien z.B. anhand der Gestaltung von Selbstbildern zu variieren und zu erweitern.

Probleme und Mehrdimensionalität entdecken: Problemsensitivität

Im Umgang mit Materialien und Menschen tun sich oft Widerstände auf und wir Pädagogen verspüren häufig eine Neigung zum hilfreich-schnellen Eingreifen. Dabei verlieren die Kinder die Chance, eine Problemlage, ihre Mehrdimensionalität und ihre Lösung selbst zu erkennen.

Nicht selten entdeckt das Kind Aspekte, die dem Erwachsenen nicht auffallen, oder das Kind sieht ein Problem, das für den Erwachsenen keines darstellt. Die Auseinandersetzung mit ästhetisch-künstlerischen, selbst- und fremdgestellten Aufgaben bietet eine kindgemäße Möglichkeit der Sensibilisierung für die Vielschichtigkeit von Problemen und Lösungswegen sowie des eigenen Selbst, dessen Regulierung und Kontrolle.

Selbstsicherheit – Selbstwirksamkeit – Selbsteinschätzung
Für eine effektive Förderung von Kreativität und Selbstkompetenz ist es unerlässlich, dass Kinder ein Bewusstsein eigener Fähigkeiten entwickeln können. Das können sie nur, wenn ihr Handeln, wie abstrus oder abweichend es der Erzieherin auch zunächst vorkommen mag, ernst genommen wird, und wenn sie vor allem die Gelegenheit haben zu erkennen, dass ein Ergebnis oder ein Produkt die Folge ihres eigenen Handelns ist, dass sie sozusagen Einfluss auf ihre Umgebung und sich selbst haben. Insbesondere junge Kinder werden durch „bedingungsloses Lob" einer realistischen Selbsteinschätzung und Selbstkompetenz beraubt. Gerade die dem ästhetisch-künstlerischem Schaffen innewohnende Freiheit von gesellschaftlichen Leistungsansprüchen kann Kindern eine „angstfreie" Chance zur Selbstkritik bieten kann. Damit einher ginge sowohl das Einüben von Durchhaltevermögen als auch Frustrationstoleranz.

2. Mit kreativer Lernkultur zur individuellen Förderung – Selber denken macht schlau ... und glücklich
Martina Vogel

Jedes Kind ist anders. Ist das gut so und was folgt daraus für die eigene Pädagogik und das Unternehmen Kindertageseinrichtung?

Früher stellten wir ausnahmslos allen Kindern die gleichen schematischen Aufgaben. Unser Angebot galt als gelungen, wenn möglichst viele Kinder in der vorgegebenen Zeit ein „ordentliches" Ergebnis vorzuweisen hatten. Dabei wurde schon auch mal getrickst und die Erzieherin schnitt eine Schneideübung noch einmal sauber nach. Hinterher standen die Kinder vor den ausgestellten Bastelarbeiten und fragten: „Welche Blume hab ich gemacht?"

Und heute? Fallen einem nicht zuerst Defizite ein, wenn von der Notwendigkeit individueller Förderung die Rede ist? Bei einer an den Stärken orientierten Betrachtung zeigen sich aber vor allem die positiven Entwicklungspotenziale jedes Einzelnen, was nicht ausschließt, dass man mögliche Risiken im Auge behalten und unterstützend handeln muss.

Mit der Umsetzung des niedersächsischen Kita-Gesetzes ist rechnerisch eine PädagogIn für 12,5 Kinder zuständig. Wie lässt sich da Pädagogik an den Bedürfnissen Einzelner ausrichten?

Individuelle Förderung bedeutet für mich, Pädagogik ständig neu zu erfinden. Auf den Lernpfaden der Kinder begegnen uns immer wieder neue Anforderungen, Fragen und Themen. Zugänge und Herangehensweisen wechseln oft mit jeder Zusammensetzung der Gruppe. Viele Kinder wirken heute zappelig, unkonzentriert oder unmotiviert. Wenn die bisherige Pädagogik nicht mehr zu den Kindern passt, lohnt es sich, genauer hinzuschauen. Stereotypes Einüben von Einzelfähigkeiten und stures Festhalten an Rahmenplänen hilft einem dann ebenso wenig wie die ständige Suche nach Schuldigen. Der bessere Zugang oder das bessere Lernumfeld muss vielleicht noch gefunden werden. Durch eigene Handlungsforschung kann ein Team reflektieren, was Kinder wollen und können, was sie lernen sollen und müssen. Die kritische Auseinandersetzung zwischen möglichem Neuen und Altbewährten basiert dabei auf Qualitätsentwicklung, Optimismus und Handlungsbereitschaft.

In reformfreudiger Absicht wurde auch die *offene Pädagogik* entwickelt. Dieser ausdrücklich freie Arbeitsansatz bedeutet für mich, die eigene Arbeit auszurichten zwischen den jeweiligen Bedürfnissen der Kinder (und deren Familien) und den Bildungszielen des Elementarbereichs. Im stetigen Prozess der Überprüfung zwischen Anspruch und Praxis entwickelt sich das offene Kita-Konzept deshalb ständig weiter.

Offene Freiräume sind auch Gestaltungsmerkmale der Einrichtung: Jeder Raum ist für unterschiedliche Bildungsbereiche ausgestattet. Zu regelmäßigen Tageszeiten kann jede/r differenzierte Spielschwerpunkte frei wählen. Je nach Lust und Tagesform ist dann genau die passende Lernvoraussetzung gegeben, um sich den individuellen Entwicklungsaufgaben zu stellen: Kreativität und Handgeschicklichkeit im Atelier oder Krafteinsatz und Gleichgewicht auf dem Spielplatz. Allein, zu zweit oder zu fünft erarbeitet sich so jedes Kind seine Fähigkeiten weitestgehend selbst. Auch wenn mehrere Kinder zusammen spielen, ergeben sich unterschiedliche Lernakzente. Während es für Peter wichtig ist, einen Freund zu finden, will Pia den Turm bis zur Decke bauen. Auf der Suche nach neuen Erfahrungen erleben die Kinder alle Spielbereiche ganzheitlich. Lernsysteme spielen bei einer lebendigen Aktion keine Rolle.

Auch Erzieherinnen und Erzieher orientieren sich im offenen Konzept nicht nur an Bildungsaufgaben. Sie bringen persönliche Fähigkeiten mit ein und wechseln, genau wie die Kinder, Räume und Aktivitäten. Je nach Interesse entwickeln die meisten im Laufe der Zeit fachliche Vorlieben und spezifische Kenntnisse. Den Kindern kommen die Literatur- und Mathebegeisterten, die Natur- oder Tanzfreaks als engagierte Mentoren zugute.

Die Berücksichtigung von Individualität erfordert eine Binnendifferenzierung des Lernangebots, wobei nicht nur der einzelne Mensch gemeint ist, sondern auch Kleingruppen mit ähnlichen Anliegen. Fachlich versierte PädagogInnen entwickeln dann bestmögliche Lernanregungen für Mädchen und Jungen, Dreijährige und Vorschulkinder, Ein- und Mehrsprachige, Sportsfreunde und Schlaufüchse usw. Homogene Gruppen ermöglichen eine Entwicklung auf der Basis individueller Interessen, Begabungen und Entwicklungen. So entstehen quasi inter-individuelle Beziehungen zu Gleichgesinnten, in denen jedes Kind wiederum selbst seine Welt subjektiv und aktiv erforscht. Kinder entwickeln in gestützten Prozessen dann genau die Fähigkeiten, die sie für ihren jeweiligen Entwicklungsschritt brauchen. Ich bezeichne dies als kreative Lernkultur, in der Kinder und PädagogInnen selbst schöpferisch tätig werden.

Die kreative Kita

Der kindzentrierte Blick auf individuelle Chancen und Hindernisse bedeutet für mich eine kreative Umsetzung des offenen Konzepts, was die folgenden Ausführungen und Praxisbeispiele veranschaulichen sollen.

Tägliche Freispielzeiten bieten gute Möglichkeiten für Herausforderungen. An neugierig machenden Orten entstehen Fachräume und Lernwerkstätten. Auch Nischen, Flure und Spielplatzwinkel können zur Auseinandersetzung mit besonderen Themen einladen. Werden die Vorstellungen der Kinder mit einbezogen, entstehen oft spannende Spiel- und Erkundungsplätze wie Zeltdörfer, Burgen und Baustellen. Kleine Gruppen können hier ungestört spielen, miteinander verhandeln und sich ausprobieren. Währen des Freispiels treffen Kinder auf Pädagoginnen und Pädagogen, die ihre Absichten professionell beobachten und sie bei Bedarf unterstützen.

Im zugewandten Kontakt erleben sie dies als persönliche Wertschätzung. Bei einem echten Interesse an ihren Gedanken und Gefühlen haben Kinder die Aussicht auf Spielimpulse, motivierenden Zuspruch und einfühlsame Hilfe. „Sportskanonen" und „Schlauberger" können an ihren Begabungen anknüpfen und weitergehende Fähigkeiten entwickeln. Im sicheren Gefühl, mit all ihren Eigenheiten willkommen zu sein, vertrauen auch jüngere Kinder schnell auf ihre Fähigkeit, selbst wirksam zu sein. Mit steigendem Selbstbewusstsein erobern sie die Einrichtung zunehmend mit all ihren Räumen und Möglichkeiten zur Umsetzung eigener Ideen und im Zusammenspiel mit anderen.

Auch Kinder haben das Bedürfnis nach einem einschätzbaren Tagesrhythmus, weshalb freie Spielzeiten mit verbindlichen Gruppenaktivitäten wechseln sollten. Regelmäßige Rituale, wie die morgendlichen Treffen in der Stammgruppe, feste Wochen-Projekttage und das gemeinsame Mittagessen wechseln dann mit freiem Spiel. Die Morgen- und Mittagskreise, der Freitagschor oder die Waldwochen bieten den Kindern eine verlässliche Struktur und Orientierung in Freiräumen.

Vielfältige und multifunktionale Materialien regen die Phantasie der Kinder an, wobei auch zweckentfremdete Alltagsgegenstände eine neue Verwendung finden können. Bei besonderen Themen und Projekten birgt auch der private Fundus von Familien und KollegInnen brauchbare Leihgaben. Und beim Sperrmüll oder Flohmarkt macht schon das Suchen Spaß. Denkbar sind dabei alle Materialien, die Kinder durch aktives Planen und Handeln zur forschenden Selbstbildung anregen. Eine kunterbunte Vielfalt frei nutzbarer Materialien motiviert zu den unterschiedlichsten Experimenten. Aus verschiedenfarbigen Tüchern können Hüte, Knoten, Verbände, Wellen oder ganze Erdteile werden. Knöpfe kann man auffädeln, sortieren, in Muster legen und als Spielfiguren einsetzen. Zugunsten kreativer Prozesse muss etwas Chaos möglich sein. Damit sich am Ende alle wieder wohlfühlen können, sollte man die Zeit zum Aufräumen und Saubermachen unbedingt mit einplanen.

Neben entwicklungstauglichen Spielsachen in allen Bildungsbereichen sollten die klassischen Kreativräume besonders reich an motivierenden Materialsammlungen sein. Dabei sind Utensilien, Werkstoffe und Medien wichtig, die möglichst vielseitig interpretiert werden können. Eine unperfekte Ausstattung mit Fundstücken, Gebrauchtkleidern und technischen Bauteilen regt Kinder zu unterschiedlichsten Rollenspielen und Geschichten an. Obwohl Musik, Bücher, Bastelmaterialien und Farben zur Grundausstattung jeder Kita gehören, inspiriert erst ein kreativer Gestaltungsrahmen dazu, all diese Dinge auch schöpferisch zu nutzen. Ein Bleistift auf einem karierten Block regt zu einer anderen Art des Zeichnens an als die üblichen Buntstifte auf dem immer gleichen Papier. Mit Astgabeln und Wolle kann man Bilder weben. Und zur Musik der „Vier Jahreszeiten" lässt sich mit farbigen Füßen über die Folie tanzen. Die Reggio-Pädagogik beschreibt die „hundert Sprachen des Kindes". Ich denke, Kinder haben das Recht, dass ihre Ausdrucksmittel in der Kita dabei sind.

Einzel- und Kleingruppenprojekte lassen sich in der Tagesstruktur verankern. In der offenen Zeit sind verschiedene Aktivitäten, auch geplante Lernimpulse von PädagogInnen, „im Angebot": Je nach Lust und Tagesform kann dann jedes Mädchen und jeder Junge entscheiden, ob sie oder er mit den Freundinnen im Wald klettert oder mit der Erzieherin, die so viele Käfer kennt, durchs Mikroskop schaut. Mit den Kindern wachsen auch ihre Aufgaben und Verantwortlichkeiten. Einem älteren Kind wird zugemutet, die eigene Entscheidung zur Fußball-AG ebenso ernst zu nehmen wie die regelmäßige Teilnahme an den Vorschulaktionen.

Individuelle Interessen und Vorlieben sind Kraftstoffe, die Kinder für ihre anspruchsvollen Entwicklungsaufgaben brauchen. Kinder, die sich spielerische Entwicklungssaufgaben nach eigenen Kriterien aussuchen, sind in der Regel hoch motiviert und leistungsbereit. Sie suchen dann intuitiv nach der nächst schwierigeren Hürde beim Klettern, Bauen und Tüfteln. Selbst mit ungewöhnlichen Steckenpferden wie Straßenverkehrsregeln oder Sammelbildchen erkunden manche ungeahnte Lernpfade. Es erstaunt mich immer wieder, mit welcher Ausdauer und welchem Ernst Kinder selbst gesteckte Ziele verfolgen. Sie überschreiten dann die ihnen sonst zugemutete Konzentrationsfähigkeit von 30 Minuten leicht um das Zwei- bis Dreifache. Bei all dem, was für den Tag in der Kita geplant wird, muss für solche Spielprozesse immer noch genügend Zeit am Stück bleiben.

Die kreative Erzieherin und der kreativer Erzieher

Wenn Erzieherinnen und Erzieher individuelle Lernstrategien fördern wollen, müssen sie der eigenständigen Entwicklungsfähigkeit von Kindern vertrauen. Sie begegnen Jungen und Mädchen auf Augenhöhe und mit echtem Interesse an ihren Aktivitäten. Worum es gerade geht, ergibt sich aus wohlwollender Beobachtung und aktivem Zuhören. Der Einsatz von Gesprächstechniken aus der Erwachsenenbildung kann gut für die Elementarpädagogik übersetzt werden.

Mit den Worten „Ich brauche ein Pferd" überraschte mich einmal ein Mädchen. Bevor ich die Tür zu meinen Vorrat an Spielzeugponys, Pferdebüchern und Empfehlungen zum Reiterhof auch nur einen Spalt weit öffnete, paraphrasierte ich: „Du hättest gerne einmal ein Pferd?!", worauf Moira mir erklärte, sie brauche jetzt ein Pferd. Nach einigem Warum und

Wozu stellte sich heraus, dass sie nur mit Ritter spielen dürfe, wenn sie ein Pferd mitbrächte und dass sie darum jetzt sofort eins bräuchte. Nach weiteren Fragen wurde deutlich, dass man das Tier nicht sehen, dass es lediglich zur kompletten Ritterinnen-Ausstattung zur Verfügung stehen müsse. Nach meiner Frage, ob das Pferd dann vielleicht auch vor der Tür sein könne, holte sie sich ein Spielzeugpferdegeschirr und erklärte, das Pferd könne vor der Ritterburg solange Gras fressen, bis sie es bräuchte. Da sie mit dieser Lösung zufrieden war, war ich es auch.

Eine offene Pädagogik verlangt nach Offenheit für das jeweilige Kind. Wenn Kinder als aktive Gestalter ihres Lernens gesehen werden, müssen auch die Erwartungen an die kindlichen Lösungen ergebnisoffen sein. Nicht nur die Kinder brauchen hierfür ein gewisses Maß an Fantasie und Abenteuerlust.

In quasi qualifizierter Zurückhaltung müssen PädagogInnen erst einmal abwarten können, ob eine Einmischung überhaupt sinnvoll ist. Im konzentrierten Spiel setzen sich Kinder häufig intensiv mit eigenen Aufgabenstellungen und den Ideen anderer Mitspieler auseinander. Schon ein aufmunternder Blick kann dann als Bestätigung reichen. Bleibt das Erfolgserlebnis einmal aus, ist es auch ein aktiver Schritt, sich mit Frust oder Fragen an die Erzieherin zu wenden. Offene Fragestellungen lassen mehr Antworten als ja, nein, schwarz oder weiß zu. Sie bringen Kinder zum Nachdenken: Was meinst du dazu? Wie kommt das? Was könnte man da machen und was sonst noch? Usw. Die Qualität des Lösungsprozesses ist dabei wichtiger als ein optimales Ergebnis nach Erwachsenenmaßstäben.

Eine besondere Art der Gesprächsführung können PädagogInnen von dem griechischen Philosophen Sokrates (469–399 v. Chr.) lernen. Er motivierte seine Schüler durch geschicktes Fragen, selbst Lösungen zu finden. Dabei erweckte er den Eindruck, selber lernen zu wollen. Mit der Behauptung „Ich weiß, dass ich nichts weiß" hielt er sich mit erwarteten Lehrvorträgen zurück. Stattdessen diskutierte er mit seinen Schülern, stellte Fragen und hinterfragte genannte Argumente.

Mit der sokratischen Gesprächsführung lassen sich individuelle Erkenntnisprozesse kreativ in Gang setzen. Bei ergebnisoffenen Fragen und Aufgabenstellungen können viele Lösungen richtig sein. Je nach Zielsetzung kann sich ein Kind an die subjektiv beste Lösung selber herantasten. Es wird eine offene Frage im genau passenden Schwierigkeitsgrad interpretieren und sich damit weder unter- noch überfordern.

Die Aufgabe, verschiedene Muster mit zwölf rot-blauen Wendeplättchen zu legen, kann beispielsweise auf verschiedene Weise erfüllt werden: Man kann in einer Reihe Gruppen sortieren von immer zwei, drei, vier oder sechs Steinen, aber auch flächige Anordnungen wie auf einem Würfel legen. Eine Aufstellung im Kreis könnte dem Ziffernblatt einer Uhr ähneln. Einige Kinder legen vielleicht frei angeordnete unsymmetrische Muster.

Wenn Erwachsene solche Lösungsversuche sprachlich begleiten, helfen sie den Kindern, ein eigenes Netz von Denkprozessen zu knüpfen. Kommentierende Fragen, wie „Du hast jetzt die Steine immer abwechselnd gelegt?", zeigen emotionale Bestätigung und kognitive Impulse: „Ich sehe dich und was du geschafft hast." Bei der gemeinsamen Suche nach weiteren Fragen und Antworten lassen sich mehrere Kinder beteiligen, sodass alle voneinander profitieren und sich zusammen am Aha-Effekt freuen. Mögliche weitere Fragen wären: „Wie hast du das gemacht?", „Sind das immer drei von einer Farbe?", „Wie haben die anderen das gemacht?" und „Was könnte man noch legen?"

Durch verbale Spiegelung werden Worte, Gedanken und auch Gefühle bewusst. Im Erleben der eigenen Wirkung entwickeln Kinder eine Vorstellung von sich selbst. Was Stolz oder Schreck ist, erfahren kleine Kinder erst, wenn sie genau das erleben. Wenn eine vertraute Person dieses Gefühl in mitfühlend-optimistische Worte fasst, kann dieses positive Erlebnis zu einem Schlüssel zu emotionaler Kompetenz werden.

Der Einsatz von Kommunikationstechniken eignet sich auch als besonderes Werkzeug für gezielte individuelle Lernsituationen. Wenn PädagogInnen Wissen und Anregungen vermitteln, sollten sie ihr Handeln sprachlich begleiten. Kinder lernen so neben dem sprachlichen Ausdruck auch die Gedanken der Erwachsenen kennen. Am Modell ihrer sprachlichen Vorbilder lernen sie Argumentation und Logik kennen. Dabei haben

Kinder ein gutes Gespür für ihr Gegenüber. Künstliche Gesprächssituationen mit stereotypen Redewendungen erkennen sie sofort. Authentische Gespräche leben von einer echten und glaubwürdigen Beziehung.

Individuelle Lernimpulse wirken nicht nur als Mittel zur Freispielführung. ErzieherInnen nutzen spezielle Vorlieben auch für pädagogische Aufgaben und Projekte. Nichts motiviert mehr als Spaß und Erfolg. Ist das Interesse erst einmal geweckt, wagen sich Kinder selbst an ihre Schwachstellen. Der Grobmotoriker zeichnet dann detailreiche Schatzkarten und die Skeptikerin singt in der Kita-Band ihren Lieblingshit. In der Koch-AG müssen eigene Handlungspläne für vielschichtige Aufgaben entwickelt werden. Von der Vorbereitung aller Zutaten bis zum Abwasch – Teamarbeit und Eigenverantwortung stellen auch schon für Kinder hohe Anforderungen dar.

An der Gestaltung der Spielkreise werden die Kinder ebenso beteiligt wie an der Ausführung des Projekt-Abschlusses. Die pädagogische Planung passt sich den Ideen und Möglichkeiten der Kinder immer so weit an, dass noch Erfolge zu feiern sind oder die Motivation bleibt, am Thema zu bleiben. Da wird dann schon mal ein Thema gekürzt oder ein Projekt auf drei Monate ausgeweitet, je nachdem, welche Aspekte für die Kinder noch spannend sind.

Grundsätzlich können Kinder all das, was sie für ihre Entwicklung brauchen, an jedem Ort und mit jedem Thema lernen. Während des Waldprojekts lässt sich nicht nur die Natur erleben. Man kann seine Geschicklichkeit trainieren, mit Stöckchen malen, den Wortschatz erweitern, ein Asthaus bauen, anderen beim Balancieren helfen, eine Trollgeschichte erfinden, ein Vogellied singen usw. Kinder erleben diese Lernschritte ganzheitlich als großes Spiel. Elementareinrichtungen haben hier die große Chance, nachhaltiges Lernen zu fördern. Unter dem ganzen Einsatz aller beteiligten Sinne, Gefühle und Gedanken können Kinder Grundfähigkeiten beispielhaft anhand individueller Interessen erarbeiten.

Das kreative Kind

Kinder wollen nicht nur die Fähigkeiten der Erwachsenen imitieren. Als ForscherInnen und ErfinderInnen entdecken sie ihr Wissen selbst. Sie kreieren eigene Fragen und Antworten, die uns staunen oder schmunzeln lassen. Die richtige Zeit für genau diese Frage verleiht einem Kind Flügel. Das Hochgefühl einer guten Idee oder eines gelungenen Kunststücks setzt auch in Kindern große Energie frei. Schöpferische Begeisterung erzeugt Lebensfreude und Mut. Kinder, die solche Erfahrungen verinnerlicht haben, lassen sich auch nicht so schnell von Misserfolgen demotivieren.

Ein Figurenspiel, eine technische Erfindung oder eine Geschichte hat für jede/n intuitiv eine eigene subjektive Bedeutung. In der kindlichen Fantasie spiegeln sich Empfindungen, Erlebnisse und spielerisches Probehandeln.

Kreative Ausdrucksmittel ermöglichen eine mehrdimensionale Auseinandersetzung mit Dingen. Kinder erleben anhand eigener Kunstwerke und in der Kunst anderer: Ein Bild, eine Musik oder ein Tanz sagt mehr als viele Worte.

Viele Kinder sind von Fachwissen und Spezialfähigkeiten fasziniert. Den direkten Kontakt zu PolizistInnen finden sie eben so spannend wie zu Skatern und StraßenbauarbeiterInnen. Hier geht es weniger um die frühe Ansammlung von Detailwissen als um die anregende Entdeckerfreude und Neugier auf eine komplexe Welt. Die Fragen und Antworten der Kinder sind deshalb auch oft andere als unsere. Es lohnt sich, die Auseinandersetzungen in den persönlichen Mappen der Kinder festzuhalten: „Wie findet der Regenwurm seine Frau, wenn er keine Augen hat?", „Wer ist in der Kita der Boss?"

Der Weg zur Erkenntnis hat für Kinder mehr Wert als ein sofortiges Ergebnis. Irr- und Nebenwege sind wichtige Erfahrungen auf der Suche nach Lösungsstrategien. Mit jeder schnellen Antwort nehmen wir einem Kind eine eigene Antwort vorweg.

Herausforderungen und Chancen

Nicht immer erkennt man eine kindliche Entwicklungsaufgabe auf Anhieb. Und nicht jede Aufgabenstellung findet unsere Zustimmung. Die sinnliche Erfahrung körperlicher Beschleunigung stößt bei der Umkreisung des Frühstückstisches ebenso auf Widerstände wie Überflutungsversuche in den Toiletten. Trotz dringend notwendiger Grenzen, Vorgaben und Vereinbarungen sollten Kinder hier aber nicht nur lernen, was nicht geht. Wenn rhythmisches Löffelgeklapper beim Essen stört, kann dies beim Musikmachen sehr schön klingen. Eine Wassermatschecke erzeugt innerhalb der vereinbarten Freispielzeit fröhliche Erkenntnisse. Und Schnell-um-den-Baum-rennen lässt sich beim nächsten Sportangebot einbringen.

Pädagogische Fachkräfte müssen die Kita-Regeln, ihre Spiele und Materialien immer wieder neu hinterfragen und den Fragen der Kinder anpassen. Sie haben die Verantwortung für die größtmögliche Förderung aller Kinder in allen Bildungsbereichen und müssen deshalb das kleine Wunder vollbringen, komplexe Entwicklungsaufgaben in spielerischer Leichtigkeit zu fördern. Was für Außenstehende so einfach aussieht, müssen FachschülerInnen gezielt lernen: (inter-)individuelle Bildungsansätze erkennen, einordnen und sie auf der Ebene des Kindes weiter anbahnen.

Frühkindliches Lernen jenseits von Kinderbelustigung und reiner Beschäftigung ist auch Eltern wichtig. Mütter und Väter haben dabei oft ganz eigene pädagogische Erfahrungen und Wünsche. Manche haben zu ihrer Kindergarten- und Schulzeit eher streng und reglementiert gelernt. Sie misstrauen einem Lernen in Freiräumen oder möchten ihr Kind in einem von ihnen bestimmten Bereich besonders fördern. Andere stehen Experimenten in Matsche und offenem Waldgelände eher skeptisch gegenüber. Einige Eltern sind mit der Bewältigung ihres Alltags oder mit der Kindererziehung überfordert. Und tendenziell interessieren sich alle mehr für die individuelle Entwicklung ihres Kindes als für allgemeine pädagogische Themen. Die Zusammenarbeit mit Eltern ist ebenso individuell wie bunt.

Portfolios und andere Formen der Dokumentation sind eine gute Grundlage für den gemeinsamen Austausch. Bildungspläne, Fachstandards und Qualitätskriterien müssen hierbei je nach Elterninteresse mit einem kreativen Medieneinsatz übersetzt werden. Eine gelungene Verständigung über gute Lernvoraussetzungen ist Familienbildung, die bei den Kindern ankommt.

Wenn Kinder nicht spielen können, sind sie mit den Freiräumen des offenen Konzepts zunächst überfordert. Sie langweilen sich dann oder toben herum, finden aber nicht in eine konzentrierte Interaktion mit Dingen oder anderen Menschen: „Was soll ich jetzt machen?", „Das kann/will ich nicht", hört man oft von ihnen. Frei zu verwendendes Material wird oft stereotyp behandelt, verschludert oder zerstört. Mit so viel Anleitung wie nötig und so viel Entscheidungsvielfalt wie möglich lässt sich auch hier an den Stärken ansetzen: Medienverwöhnte Kinder wollen vielleicht die Kopien ihres Serienstars erst einmal ausmalen, bevor sie sich an eine freie Bildgestaltung wagen. Arbeitsanfänge beim Weben, Regelspiele und andere strukturierende Anleitungen bauen Brücken zum selbstständigen Handlungsplan. Wenn die eigenen Ideen dann immer noch nicht von allein sprudeln, sind noch weitergehende Impulse nötig, um den Aktionsradius schrittweise zu erweitern.

Bei der aktuellen Gruppengröße ist die Interaktion mit dem einzelnen Kind nur begrenzt möglich. Zurzeit sind die gesetzlichen Rahmenbedingungen der Kitas auf die Betreuung in Gruppen mit 25 Kindern ausgerichtet. Zeiten mit geringer Kinderanzahl bieten sich möglicherweise im Früh- oder Spätdienst an oder während der Schulferien, wenn Geschwisterkinder zuhause bleiben. Sollte ein intensiverer ErzieherIn-Kind-Kontakt Qualitätsstandard werden, müsste dies politisch umgesetzt und auch finanziert werden. Bis dahin bleibt uns die kreative Arbeit während des Freispiels, bei interindividuellen Projekten und spontanen Gelegenheiten mit „Klasse statt Masse".

Den einzelnen Menschen in den Blick zu nehmen ist nicht zuletzt auch eine Frage der Anschauung. Hier zeigt sich die Wertschätzung des Individuums. Manche Gesellschaften sehen Einzelne eher als eine/n unter vielen. Wir müssen uns fragen, wie stark wir uns selbst mit Gruppennormen identifizieren und was uns Gemeinschaft bedeutet. Welches Wissen und welche Traditionen sollen wir an die Kinder weitergeben?

Alle Kinder stehen vor der Aufgabe, heute Fähigkeiten für ihr späteres Leben zu bilden. Es ist sehr wahrscheinlich, dass sie dafür unser heutiges Wissen weiter entwickeln müssen. Wenn wir davon ausgehen, dass die zukünftigen Erwachsenen neben einer gewissen Anpassungsfähigkeit auch persönliche Stärken, kreatives Denken und eigenständiges Handeln benötigen, sollten wir unsere Kita-Konzepte darauf ausrichten.

3. Möglichkeiten der individuellen, interessen- und begabungsorientierten Förderung von Kindern im Kindergarten

Monika Spang

Als ich 1996 meine Tätigkeit als Erzieherin in einer Kindertagesstätte in Osnabrück aufnahm, begann für mich eine Zeit des Umdenkens. Neben Kindern alleinerziehender Eltern und Kindern aus sozial und wirtschaftlich ungünstigen Lebensverhältnissen kamen etwa 50% der Kinder dieser Einrichtung aus einem anderen Kulturkreis. Sprachliche Probleme sowie unterschiedliche Sozialisationsprozesse und Erziehungsstile der Eltern erschwerten die Zusammenarbeit mit den Eltern. Die Frage nach dem Bild vom Kind und die Rolle der Erziehenden war nicht mehr so einfach zu beantworten.

Zudem hatte ich das Gefühl, auch die Kinder mit meinem pädagogischen Handeln nicht mehr wirklich zu erreichen. Die Jahreszeitenpädagogik, getragen von den Festen einer christlich orientierten Gesellschaft, entsprach zum größten Teil nicht der Lebenswirklichkeit der Kinder. Technik und moderne Medien hatten als heimliche Erzieher längst Einzug in die Kinderzimmer gehalten.

So stellten sich mir die Fragen: Was beschäftigt diese Kinder, was interessiert sie und was brauchen sie für ihr zukünftiges Leben in einer multikulturellen, schnelllebigen und hochtechnisierten Gesellschaft?

Die Lernkiste für individuelle Interessen der Kinder

Nachdem ich mich entschlossen hatte, auf das Abarbeiten sorgfältig vorbereiteter Rahmenpläne mit festgelegten Angeboten zugunsten der Förderung der individuellen Interessen von Kindern zu verzichten, stellte ich mir die Frage, wie ein struktureller Rahmen dieser Förderung aussehen könnte. Interessen und Ideen hatten die Kinder reichhaltig und oft wechselten sie täglich. Immer wieder auf Spontanideen der Kinder einzugehen, bedeutete aber meine ununterbrochene Unterstützung, die ständige Suche nach Material und die fortlaufende Eingebundenheit meiner Person in die Aktivitäten der Kinder. Die Kinder wären darauf angewiesen, dass ich immer Zeit für sie hätte, was bei 25 Kindern in der Gruppe überhaupt nicht leistbar ist. Ständig neue Interessen der Kinder aufzugreifen würde auch bedeuten, dass selten etwas zu Ende geführt wird. Vielmehr stellte ich mir vor, dass die Kinder innerhalb ihres Interessengebietes ein von ihnen erreichbares Ziel ansteuern, dass sie sich selbstständig mit ihrem Thema auseinandersetzen können und dass sie sich jederzeit unabhängig von meiner Person damit beschäftigen. All diese Überlegungen führten mich zu der Idee von der „Lernkiste".

Ein großer Schuhkarton sollte von den Kindern zunächst persönlich gestaltet, bemalt oder beklebt und mit Fotos versehen werden. In Gesprächen mit den Kindern versuchte ich herauszufinden, was sie interessiert, womit sie sich gerne beschäftigen, welche Fragen sie haben und was sie im Kindergarten lernen möchten. Fragen wie „Was müsste im Kindergarten stattfinden, damit es dir richtig Spaß macht?" oder „Was möchtest du im Kindergarten lernen, bevor du in die Schule kommst?" wurden ausgiebig diskutiert, und ich versuchte die Gesprächsergebnisse mit meinen persönlichen Beobachtungen zu vergleichen.

Da die Kinder nur selten konkret ihre Vorstellungen und Wünsche benennen konnten, musste ich lernen, auch verschlüsselte Botschaften als Beleg ihrer momentanen Interessen zu verstehen. So stellte eines Tages ein fünfjähriger Junge die folgende Frage an mich: „Ist eigentlich FBI das Haus und Spion der Mensch oder ist FBI der Mensch und Spion das Haus?" Ich fragte den Jungen, ob er sich für Spione und Agenten interessiere und er bejahte diese Frage. In einem Gespräch erfuhr ich, was er selbst zu diesem Thema schon wusste und warum er das Thema so spannend fand. Ich fand heraus, dass sein älterer Bruder ein Agentenspiel bekommen hatte, bei dem er manchmal mitspielen durfte. Er wollte aber auch gerne alleine Agent spielen können und so schlug ich ihm vor, sich einen eigenen Agentenkoffer zu machen. In den nächsten Tagen überlegte er, was er als Agent unbedingt brauchen würde und teilte mir mit, dass er Verbrecher finden will, dafür Fingerabdrücke machen müsse und Gesichter für eine Verbrecherkartei benötige. Von zu Hause brachte er einen ausrangierten Aktenkoffer mit und gemeinsam erstellten wir die Liste der benötigten Utensilien, die im Lauf der Zeit mit dem Wunsch nach einer Taschenlampe, einem Funkgerät, einer Lupe, einem Stempel und einem FBI-Ausweis vervollständigt werden musste. Das für die Lernkiste bereitgestellte Material, wie Papier, Folien, Puder, Kohlestifte, Fotokopien von Gesichtern aus Fotos und Zeitschriften und Nachtleuchtfarbe, ermöglichten dem Jungen, alle Utensilien für seinen Agentenkoffer selbst herzustellen. Zwischen den einzelnen Arbeitsphasen lagen immer wieder lange Spielphasen, in denen er seine fertigen Utensilien im gemeinsamen Spiel mit anderen Kindern ausprobierte und benutzte. Erst nach sechs Monaten war das Agententhema für den Jungen beendet und er nahm seinen Koffer mit nach Hause.

Seit dem Beginn der ersten Lernkisten sind nun viele Jahre vergangen. Die Lernkiste entspricht meiner Vorstellung eines von Kindern benutzbaren Sammelsuriums ihrer Wünsche, Fragen, Interessen und Zielvorstellungen, eine Art Gedankenstütze und Material, das sie anregt, sich mit ihrem Thema auseinandersetzen zu können und so ihrem selbst gesetzten Ziel ein Stück näher zu kommen.

Die Lernkiste ist das Eigentum jedes einzelnen Kindes und wird auch so behandelt. Das Kind bestimmt selbst, was in die Kiste hinein kommt, wann und wie lange es sich mit dem Material beschäftigt, ob es dies alleine oder gemeinsam mit anderen tut. Das Kind bestimmt, wann sein Ziel erreicht ist und wann es neue Vorhaben plant.

In Einzelfällen ist es auch möglich, dass sich Kinder mit zwei Projekten gleichzeitig beschäftigen. Es kommt auch vor, dass Kinder ihr Projekt vorzeitig abbrechen. Das ist meistens dann der Fall, wenn sie lediglich am Endprodukt (angeregt durch andere Kinder) interessiert sind und nicht am ganzen Entstehungsprozess. Die Motivation ist vorüber, sobald die ersten Schwierigkeiten auftauchen, das Produkt nicht das erhoffte, bereits dargebotene Ergebnis erbringen wird. In jedem Fall reflektieren wir gemeinsam mit dem Kind den bisherigen Projektverlauf und versuchen Motivationshilfen zur Fortführung des Projekts zu finden und alternative Lösungen anzuregen. Wenn weiterhin kein Interesse des Kindes besteht, kann es sich neuen Plänen widmen.

Die Lernkisten sind in offenen Regalen untergebracht und für die Kinder frei zugänglich. Jüngere Kinder nutzen die Lernkiste anfänglich wie eine Schatztruhe, die mit Fundstücken von Spaziergängen und den Resultaten erster Schneide- und Klebstofferfahrungen gefüllt wird. Eine Grundausrüstung entsprechender Materialien (Schere, unterschiedliche Stifte, verschiedene Papierreste und Klebstifte) regen die Kinder an, sich mit den Inhalten ihrer Lernkiste zu beschäftigen.

Alle Projektergebnisse werden in Form einer Ausstellung, einer Fotogalerie, einer Aufführung oder eines Gespräches der Gruppe, den Eltern, anderen Kindern und Erziehern vorgestellt. Der gesamte Projektverlauf wird von uns durch Fotos (und eventuell Filme) und Gesprächsaufnahmen dokumentiert und den Kindern nach Beendigung ihres Projektes größtenteils zu Verfügung gestellt. Die Kinder können diese Dokumente in ihre Dokumentationsmappe heften oder sofort mit nach Hause nehmen.

Ganz spezielle Interessen kann man häufig auch schon bei den jüngsten Kindern erkennen. So hatte ich in meiner Gruppe einen dreieinhalb-

jährigen Jungen, der sich sehr für Kleinstlebewesen und „Krabbeltiere"
interessierte. Seine Lernkiste wurde mit Lupe, kleinen Deckelgläsern
und selbstgeklebtem Zeichenheftchen ausgestattet. Derart ausgerüstet
begab sich dieser Junge nun häufig auf die Suche nach Spinnen, Asseln,
Käfern, Schnecken und Würmern, die er dann im Haus, im Garten und
auf Spaziergängen fand und beobachtete. Ein Besuch im Natur- und
Umweltmuseum und der Bau eines kleinen Schneckenterrariums zum
Beobachten seiner gesammelten Schnecken folgten. Beim Sammeln
verschiedener Kleinstlebewesen entwickelte er eine außerordentliche
Geschicklichkeit. Selbst Ameisen konnte er einfangen, ohne sie zu ver-
letzen. Seine Leidenschaft löste auch bei anderen Kindern oft stunden-
lange Sammel- und Beobachtungsaktionen aus. Der Junge kommt in
diesem Jahr zur Schule und sein besonderes Interesse an der Natur ist
bis heute ungebrochen.

Ausgewähltes Beispiel für die individuelle Förderung mithilfe von Lernkisten

Kinder brauchen Zeit zum Ausprobieren, zum Entdecken, zum Recher-
chieren und zum Finden von eigenen Lösungswegen. Sie gelangen auf
anderen Wegen zum Ziel als Erwachsene. Problemlösungen sollten
nicht vorgegeben werden. Kindern sollten sinnstiftende Tätigkeiten ermöglicht werden, mit denen sie ihr eigenes Leistungsvermögen entwickeln können.

Begabungsförderliches Lernen (nach Franz Weinert 2000) sollte folgendermaßen sein:
1. aktiv (geistige Aktivität, inneres Beteiligtsein und Betroffenheit des
   Lernenden)
2. konstruktiv (die aktive Auseinandersetzung mit Aufgaben ermöglicht den Aufbau mentaler Modelle und eigenständigen Wissens und
   Könnens)
3. zielgerichtet (der Lernende muss wissen, welche Aufgaben gemeistert
   und welche Kompetenzen erworben werden sollen)

4. kumulativ (Lernen soll den Erwerb komplexen Wissens und Könnens ermöglichen)
5. systematisch (ein Netzwerk von Fakten, Begriffen, Regeln und Prinzipien ermöglicht durch kognitives Zusammenspiel Verständnisleistungen)
6. situiert (Lernen im praktischen Leben)
7. selbstständig und selbstreguliert
8. kooperativ und partizipativ.

Beispiel: Peter[4] und seine Schatztruhe

Peter ist jetzt 6,4 Jahre alt und besucht seit zweieinhalb Jahren die Kindertagesstätte. Er besitzt eine sehr differenzierte Sprache mit großem Wortschatz. Komplizierte, für Kinder ungewöhnliche Denkprozesse kann er sprachlich mitteilen (im Laufe eines Streitgespräches unter Kindern sagte er: „Das ist doch egal. Das Morgen von gestern ist doch jetzt heute!").

Als Berufswunsch äußerte er vor einem Jahr Baggerfahrer, inzwischen favorisiert er den Beruf des Pferdeversicherers (seine Mutter arbeitet in diesem Bereich) zum Gelderwerb. Ansonsten möchte er gerne das Angeln lernen und jetzt die geangelten Fische in einem Glas beobachten und dann wieder frei lassen. Später, wenn er mal ein richtig guter Angler ist, will er die geangelten Fische an arme Menschen verschenken. Peter interessiert sich sehr für die Natur und über einen langen Zeitraum galt sein Interesse Dingen, die man als „Schätze" finden kann, wie Steine oder Knochen. Sein starkes Interesse daran bemerkte ich erstmals vor zwei Jahren, als meine Kollegin und ich anfingen, das Heft „Der Mensch" zu sammeln, in dem alle zwei Wochen Bauteile für ein menschliches Skelett angeboten wurde. Er fragte ständig nach, wann denn alle Bauteile vorhanden seien, um das Skelett zusammenbauen zu können. Da dieser Zeitpunkt noch in weiter Ferne lag, schlug ich ihm vor, in der Werkstatt ein eigenes Skelett zu bauen. Mit Hilfe der Fotokopie eines Skeletts machte er sich an die Arbeit und setzte die Teile nach dem Prinzip eines Hampelmanns zusammen.

---

4 Name geändert.

Auf meine Frage im Frühjahr 2006, was er in der nächsten Zeit gerne im Kindergarten machen würde, antwortete er: „Eine Schatztruhe." Ich bat ihn, einen Plan darüber anzufertigen, wie die Schatztruhe aussehen solle und was er hineinlegen möchte. Peter war begeistert und hochmotiviert, sich mit seinem Thema auseinanderzusetzen. Voller Tatendrang sah er sich verschiedene Bücher mit entsprechenden Themen an und zeichnete seine Ideen auf. Aus seinem Plan ging hervor, dass die Schatztruhe groß und stabil werden muss und dass er auch eine Schaufel, einen Kompass, Goldmünzen, eine Taschenlampe und eine Krone braucht. Den Plan bewahrte er in seiner Lernkiste auf. Zuerst sammelte er sich in der Werkstatt das Material zusammen, das er für den Bau der Schatztruhe benötigte (Holz, Schrauben, Möbelbeschläge und Winkeleisen, Werkzeug) und ich zeigte ihm den Umgang mit einem kleinen Akkubohrer und einem Schraubendreherset mit verschiedenen Bits. Auf meinen Hinweis, er könne auch ein Schloss an seiner Schatztruhe anbringen, um sie abschließen zu können, reagierte er ganz begeistert: „Kriege ich dann auch einen Schlüssel?" Dann baute er in der Werkstatt (zuerst allein, später kamen interessierte Kinder dazu, die ihn bei seiner Arbeit unterstützten) aus stabilen Holzresten eine große Kiste mit Griffen zum Tragen und einem Vorhängeschloss. Den Schlüssel für das Vorhängeschloss trug er an einem Band um seinen Hals oder deponierte ihn in seiner Lernkiste. Zum Schluss strich er die Kiste goldfarben an.

Peter bezog seine Schatzkiste intensiv in Rollenspiele mit anderen Kindern ein (z.B. als Werkzeugkiste für Bauarbeiter). Er erlaubte auch anderen Kindern, den Schlüssel zu benutzen und die Kiste ab- und aufzuschließen.

Ich brachte Peter einen echten Kompass mit und erklärt ihm die Funktionsweise. Daraufhin ging er durch den ganzen Kindergarten und markierte mit Zetteln die Stellen, die er mit Hilfe des Kompasses als Norden, Süden, Osten und Westen ausgemacht hatte. Meine Kolleginnen ließen diese Zettel lange hängen. Peter wollte sich dann aus Papier einen Kompass mit beweglichen Zeigern bauen. Ich stellte ihm Kappa-Platten (wegen der größeren Haltbarkeit) und einen alten Wecker zum

Auseinanderbauen zur Verfügung. Viele andere Kinder wurden dadurch angeregt, sich eine Uhr zu basteln. Auch seinen Kompass stattete Peter mit einem langen Band aus, damit er ihn um den Hals hängen konnte.

Für die Herstellung von Goldmünzen stellte ich ihm eine Münzsammlung und Metallfolie zur Verfügung. Ich zeigte ihm, wie er mit Hilfe der Rubbel-Präge-Technik eigene Münzen herstellen kann. Er tat es, fand das Ergebnis aber nicht so überzeugend und hätte lieber meine echten Münzen behalten. Seine selbstgemachten Münzen aus Metallfolie verschenkte er im Laufe des Projekts an andere Kinder. Die Freude der Beschenkten machte ihn wiederum sehr zufrieden. Nachdem er sich aus Kleister, Papier und einer alten Glühbirne eine Taschenlampe gebaut hatte, die durch einen Anstrich mit Nachtleuchtfarbe im Dunkeln richtig gut leuchtet, kam er auf die Idee, – ebenfalls aus Kleister und Papier – einen Pokal zu erstellen. Er bat mich um einen Luftballon und legte los. Nachdem die Papierschichten um den Luftballon getrocknet waren, schnitt er den Ballon so durch, dass er ein größeres und ein kleineres Teil bekam. Die beiden Hälften klebte er mit den Öffnungen nach außen gerichtet zusammen, sodass ein Pokal mit Fuß entstand. Mit diesem Ergebnis war Peter sehr zufrieden und strich den Pokal silbern an. Auf weitere Verzierungen legte er keinen Wert.

Bei einem Besuch des Osnabrücker Schlosses gemeinsam mit Elisa[5], die auf der Suche nach einer echten Prinzessin war, zeigte sich Peter sehr beeindruckt von den drei großen Torbögen, die zum Schloss führen, und einem steinernen Pokal im Schlossgarten. Eine Schatzkammer gab es dort leider nicht. Eine solche konnte er aber dann besichtigen, als eine meiner Kolleginnen einen Ausflug zum Osnabrücker Rathaus unternahm. Später zeigte er mir voller Stolz ein Foto der dort ausgestellten Pokale. Im Spätherbst des letzten Jahres nahm Peter seine Schatztruhe mit nach Hause. Bis zum heutigen Tag organisiert er für die Kinder der Gruppe gerne kleine Schatzsuchen mit selbstgebastelten Schätzen, erfindet ständig neue Wahrnehmungs- und Geschicklichkeitsspiele mit Steinen, Münzen und anderen Kostbarkeiten und führt diese auch in der Kindergruppe ein.

---

5 Name gändert.

Auswertung des Projekts

Die Auswertung der Projekts erfolgt nach den Qualitätskriterien begabungsfördernden Lernens und den Merkmalen des Lernens besonders Begabter.

Inwieweit wurden Kriterien begabungsfördernden Lernens erfüllt?

Aktiv-konstruktiv
- Hochmotiviert und sehr engagiert arbeitete Peter viele Tage in der Werkstatt an seiner Schatztruhe.
- Er zeichnete einen Plan der Schatztruhe mitsamt der Gegenstände, die er als Inhalt für seine Truhe für wichtig hielt.
- Bereits vorhandenes Wissen aus Büchern und Fernsehsendungen brachte er in seine Projektarbeit ein und erweiterte es durch Exkursionen.
- Er machte Erfahrungen mit Werkzeugen und Werkstoffen und gestaltete mit unterschiedlichen Materialien.
- Im Zusammenspiel mit anderen Kindern gab er sein Wissen als „Experte" an sie weiter (z.B. im Rollenspiel) und beteiligte interessierte Kinder an einigen Arbeiten seines Projekt.

Zielgerichtet
- Zu Beginn des Projekts setzte sich Peter mit dem Bauplan für eine Schatzkiste mit bestimmtem Inhalt ein konkretes Ziel.
- Er reflektierte seine Projektinhalte, was dazu führte, dass er sich von einigen Ideen verabschiedete (z.B. Münzen) und neue Vorhaben plante (z.B. den Pokal).
- Er arbeitete nach eigenen Vorstellungen und bestimmte selbst, wann und wie lange er sich seinem Projekt widmete. Wenn er es für angebracht hielt, bezog er andere Kinder in sein Projekt mit ein.

Kumulativ
- Peter konnte während des Projektes seine bereits vorhandenen Erfahrungen im Umgang mit Werkzeugen erweitern und lernte neue Werk-

zeuge kennen. So lernte er mit einem Schraubendreherset mit verschiedenen Bits und mit einem kleinen Akku-Bohr-Schrauber umzugehen.
- Er machte Erfahrungen im Umgang mit dem Kompass.
- Er lernte neue Verbindungstechniken kennen (z.B. das Zusammenbauen von Holzplatten mithilfe von Eisenwinkeln).

Systematisch
- Peter war von Anfang an für die Planung und den Verlauf der Durchführung seines Projekts selbst zuständig.
- Die intensive und kontinuierliche Beschäftigung mit dem angebotenen Material versetzten ihn in die Lage, die Arbeiten in einer sinnvollen Reihenfolge zu erledigen. Er machte die Pläne, führte die geplanten Arbeiten durch und erprobte die Ergebnisse im Spiel mit anderen Kindern. Er reflektierte einzelne Projektschritte und bewertete sie nach eigener Einschätzung. Er verwarf einige Pläne und richtete seine Ziele neu aus.

Situiert
- Peter hat gelernt, dass Schraube nicht gleich Schraube ist und dass es für jede Schraube einen passenden Schraubendreher gibt. Er verbrachte einen Vormittag vorrangig damit, verschiedene Bits an unterschiedlichen Schrauben auszuprobieren und machte selbst die Erfahrung, wie es sich beim Drehen anfühlt, wenn Schraube und Schraubendreher zueinander passen.
- Peter konnte erfahren, dass das Arbeiten leichter ist, wenn Werkzeuge dem Werkmaterial entsprechen (Schrauben erfordert wenig Kraft, wenn der Schraubendreher genau in den Schraubenschlitz passt; eine Holzsäge hat grobgezahnte Sägeblätter und eine Metallsäge hat feingezahnte Sägeblätter).

Selbstgesteuert
- Die Vorliebe von Peter für eigenständige Arbeit und Einzelbeschäftigung kamen in seinem Projekt voll zum Tragen.

- Er hat sich sein Thema selbst ausgesucht und seine Inhalte selbst geplant und durchgeführt.
- Die zur Verfügung stehende Zeit hat er sich selbst eingeteilt.
- Veränderungen im Projektverlauf konnte er selbst bestimmen.
- Er konnte entscheiden, ob er alleine arbeitet oder andere Kinder beteiligt.
- Alle Arbeitsmethoden konnte er selbst auswählen (z.B. verschiedene Bretter können zusammengeschraubt, -genagelt oder -geklebt werden).

Kooperativ
- Peter hat vorzugsweise alleine gearbeitet, konnte aber jederzeit meine Unterstützung bekommen, hatte beständig die Anerkennung und Wertschätzung aller Kinder und des gesamten Kita-Teams.
- In bestimmten Phasen des Projekts hat er sich die Fähigkeiten anderer zunutze gemacht und sie an seinem Projekt beteiligt.
- Wenn er es für sinnvoll erachtete, hat er Veränderungsvorschläge aufgenommen, wodurch seine sozialen Kompetenzen gestärkt wurden.
- Er hat seine Projektergebnisse im Spiel mit anderen erprobt und auch anderen zur Verfügung gestellt.
- Seine neu erworbenen Kenntnisse im Umgang mit Werkzeugen gibt er in der Werkstatt an andere Kinder weiter.

Inwieweit wurden Merkmale des Lernens besonders Begabter sichtbar?

Hohes Lerntempo
- Peter konnte sein Lerntempo jederzeit selbst bestimmen und wurde in seiner Aktivität weder gebremst noch angetrieben.

Hohes kognitives Niveau
- Peter hat Materialien und Werkzeuge auf ihre Brauchbarkeit im Hinblick auf verschiedene Tätigkeiten experimentell erprobt, die Zusammenhänge zwischen Werkzeugen und Werkmaterialien erkannt und diese Erfahrungen in sein bereits vorhandenes Wissen eingefügt.

Intelligente Wissensorganisation

- Peter hat motorische Fähigkeiten beim Umgang mit verschiedenen Werkzeugen mit künstlerischen Fähigkeiten beim Zeichnen von Plänen, beim Gestalten von Gegenständen und im Rollenspiel verknüpft und sein Wissen durch Sachbücher vertieft. Seine neu erworbenen Kenntnisse gibt er in der Werkstattarbeit an andere Kinder weiter.

Hohe metakognitive Kompetenzen

- Peter hat seine Projektschritte reflektiert und seine Ergebnisse eigenständig beurteilt. Er war in der Lage, Pläne zu ändern und somit seinen Lernprozess selbst zu steuern.

Hohe kreative Fähigkeiten

- Peter organisierte kleine Schatzsuchen für die ganze Gruppe. Er erfand Wahrnehmungs- und Geschicklichkeitsspiele mit Steinen und kleinen Schätzen und führte diese selbst in der Kindergruppe ein. Er erstellte Schnitzwerkzeuge aus spitzen Steinen und setzte diese bei Arbeiten mit Ton und Lehm ein.

Mit eigenen Projekten können Kinder DAS LERNEN lernen

Wenn Kinder sich für etwas interessieren, sind sie hochmotiviert, sich mit diesem Thema auseinanderzusetzen. Sie sind sehr engagiert, was sich durch rege Beteiligung und große Eigeninitiative äußert. Sie planen und nehmen sich etwas vor. Sie strukturieren den Tag, entwickeln eigene Ideen, werden kreativ tätig und nehmen sich selbst als aktiv handelnd wahr. Sie verfolgen ein bestimmtes Ziel. Da sie dieses Ziel erreichen möchten, sind sie bei ihren Tätigkeiten in der Regel sehr ausdauernd und konzentriert und zeigen die Bereitschaft, auch größte Anstrengungen auf dem Weg zum Ziel in Kauf zu nehmen. Niederlagen und eigene Grenzerfahrungen führen nicht zur Aufgabe der Tätigkeit, sondern regen an, Neues auszuprobieren. Eigenständiges Handeln ermöglicht Kindern, eigene Lösungswege zu finden und zu erfinden. Dadurch erfahren sie Selbstbestätigung und Antrieb für neue Vorhaben.

Nicht das Produkt steht im Vordergrund, sondern der gesamte Prozess auf dem Weg zum Ziel.

In diesem Prozess können Kinder besondere Stärken entwickeln und sich neues Wissen aneignen. Begabungen können sichtbar werden und zum Tragen kommen. Die Kinder eignen sich bestimmte Arbeitsmethoden an, indem sie entscheiden, alleine zu arbeiten oder andere Kinder an ihren Aktivitäten zu beteiligen (Teamarbeit). Im wechselseitigen Prozess der Unterstützung und Anregung und mit der Möglichkeit, besondere Stärken anderer Personen sinnvoll zu nutzen, erweitern sie ihre sozialen Kompetenzen. Im Austausch mit anderen reflektieren sie ihre Handlungen und Haltungen und korrigieren oder verändern zukünftige Prozesse.

Letztlich liegt ihr Projekt in ihrer eigenen Verantwortung, denn sie bestimmen das Thema, das Ziel, Inhalte, Dauer und Umfang ihrer Beschäftigung und die Wege, die sie zur Erreichung des Ziels beschreiten.

Individuelle Förderung ist kein Kunststück, sondern eine pädagogische Haltung allen Kindern gegenüber. Sie beinhaltet die Wertschätzung der kindlichen Entwicklung und die aktive persönliche Einbeziehung des Kindes in seinen Entwicklungsprozess. Individuelle Förderung bedeutet nicht, dass die Erzieherin 25-mal mehr arbeiten muss als nach einem Rahmenplan, sondern dass sie Möglichkeiten und Handlungsräume schafft, in denen individuelle Erlebnisse stattfinden können.

4. Impulse zu individueller Förderung – Erfahrungen aus der Arbeit in einer integrativen Kita

Anke Grebe

Der Anspruch, Kinder in der Kita individuell zu fördern, leitet sich vom Bildungsauftrag für Kindertageseinrichtungen ab. Eine Kindertagesstätte sollte als Lern- und Forschungsstätte verstanden werden, die den Kindern, die sie besuchen, ein Umfeld bietet, in dem sie eine große Bandbreite von Lernmöglichkeiten vorfinden. Kinder lernen durch

Spielen. Lernen ist geprägt durch Neugier und Experimentierfreude. Die pädagogischen MitarbeiterInnen begleiten und unterstützen die Bildungsprozesse, indem sie den Kindern Anreize und Impulse für ihre Entwicklung und ihr Lernen durch Lernangebote, Freiräume, Materialauswahl und Raumgestaltung bieten. Sie unterstützen die Kinder darin, ihre Interessen und Ideen umzusetzen und weiter zu entwickeln. Sie beobachten die Kinder gezielt und setzen mit den Förderzielen an deren jeweiligem Entwicklungsstand an. Sie erkennen und fördern besondere Interessen und Stärken von Kindern. Individuelle Förderung im Elementarbereich bedeutet immer eine Herausforderung an das pädagogische Team.

Auf diesem Verständnis von Bildung und Förderung bauen die im Folgenden erläuterten Aspekte auf, die als Säulen einer Pädagogik verstanden werden können, die den Anspruch hat, bestmögliche Voraussetzungen für individuelle Förderung zu bieten. Sie sollen Anregungen bieten, die trotz häufig schwieriger Rahmenbedingungen in Form von großer Gruppenstärke, einem niedrigen Betreuungsschlüssel und geringer Verfügungszeiten ein hohes Maß an individueller Förderung erreicht werden kann.

Gemeinsame Erziehung und Bildung von Kindern mit und ohne Behinderung und unterschiedlicher sozialer, kultureller oder nationaler Herkunft als Chance individueller Förderung

In der Kita werden Kinder mit denkbar unterschiedlichsten Voraussetzungen gemeinsam betreut. Dies bezieht sich auf ihre jeweiligen Stärken, Schwächen, Begabungen, Vorlieben, Kompetenzen, Bedürfnissen ebenso wie auf ihre Herkunft im weitesten Sinne, wie z.B. das Leben in Familien mit Migrationshintergrund, mit Vater und Mutter, mit alleinerziehenden oder gleichgeschlechtlichen Elternteilen, einem Haus mit Garten oder einer kleinen Wohnung ohne eigenes Kinderzimmer. Dazu gehört auch der Bildungshintergrund der Eltern, Aufwachsen mit Großeltern, Geschwistern, als Einzelkind, Berufstätigkeit der Eltern oder Arbeitslosigkeit, Reichtum oder Armut, Religionszugehörigkeit usw.

Auch ohne diese Liste weiterzuführen (sie ließe sich unendlich verlängern), wird deutlich, dass es nicht einfach ist, dem Anspruch gerecht zu werden, die gemeinsame Erziehung und Bildung für Kinder unter Berücksichtigung ihrer vielfältigsten Voraussetzungen, mit denen sie in die Kita kommen, zu gewährleisten.

Jedes Kind hat Anspruch darauf, in seiner Individualität gesehen zu werden. Die Unterschiedlichkeit aller Kinder verstehen wir als Bereicherung und als Herausforderung für unsere Arbeit. Für die Kinder bedeutet die gemeinsame Bildung und Erziehung, dass sie die Möglichkeit haben, in hohem Maße voneinander zu profitieren: Sie bekommen Hilfe, können selbst andere unterstützen, lernen voneinander, können sich einbringen, Freundschaften schließen, Streiten üben, Selbstorganisation lernen. Im Miteinander werden soziale Kompetenzen erworben und geübt, wie z.B. Toleranz, Einfühlungsvermögen, Ich-Kompetenz, Selbstwertgefühl, gegenseitige Wertschätzung, Konfliktfähigkeit und vieles mehr. Hiervon profitiert die Persönlichkeitsentwicklung der Kinder in hohem Maße.

Die Aufgabe der PädagogInnen ist es, die Kinder hierbei zu begleiten. Dabei gilt es, sehr genau zu beobachten, ob und welche Art von Unterstützung sie benötigen. Sind sie beispielsweise selbst in der Lage, einen Konflikt zu lösen oder brauchen sie Hilfe oder Vermittlung? Kann sich ein Kind ohne Deutschkenntnisse oder mit einer Sprachbehinderung verständlich machen oder Kontakt aufnehmen oder benötigt es eine Erzieherin als „Übersetzerin"?

Die Erzieherinnen müssen sich gut in die Kinder einfühlen, um zu erkennen, welche Bedürfnisse bestehen und wie am besten darauf eingegangen werden kann. Kindern in einer solchen Weise zu begegnen, ermöglicht das Entstehen tragfähiger und vertrauensvoller Beziehungen und verlässlicher Bindungen zwischen Bezugspersonen und Kindern und schafft eine wichtige Grundlage für gute Lernvoraussetzungen in anderen Entwicklungsbereichen, wie z.B. Sprache, Wahrnehmung, Kognition usw., die in engem Zusammenhang mit der sozial-emotionalen Entwicklung zu sehen sind.

Beobachtungen, Fallbesprechungen und Entwicklung individueller Förderziele

Ein Schwerpunkt der Arbeit in der Kita ist die intensive Beobachtung der Kinder und die Dokumentation dieser Beobachtungen. Es werden unterschiedliche Beobachtungsmethoden angewandt, wie z.B. die freie Beobachtung oder die gezielte Beobachtung. Bei der freien oder der zufälligen Beobachtung kommt es vor allem darauf an, Eindrücke zu sammeln. Oft findet sie im Freispiel statt. Die Erzieherinnen haben dann die Möglichkeit, einzelne Kinder oder Gruppen zu beobachten und so z.B. zu erfahren, welche Vorlieben oder Stärken Kinder haben, ob sie zurückhaltend, offen, selbstbewusst sind usw. Es kann deutlich werden, wo Kinder gegebenenfalls Förderbedarf haben, wie ihre Sprach- oder Sozialkompetenz oder ihre Ausdauer ausgeprägt ist, wer gern mit wem spielt usw. Es ist wichtig, diese Eindrücke zu dokumentieren. Dabei kommt es nicht darauf an, ausgefeilte und ausführliche Formulierungen zu finden. Wichtiger ist vielmehr sicherzustellen, dass die Beobachtungen nicht vergessen werden und verloren gehen. Dafür könnten in allen Spiel- und Entwicklungsbereichen Karteikästen mit Karteikarten aller Kinder bereit stehen, worauf Beobachtungen schnell, formlos und stichpunktartig erfasst werden können.

Gezielte Beobachtungen finden oft während bestimmter Lernangebote statt und dienen dazu, den Entwicklungsstand in verschiedenen Bereichen zu überprüfen. Hierfür ist es sinnvoll, dass eine Kollegin die Anleitung eines Angebots übernimmt und eine zweite als Beobachterin dabei ist und ihre Beobachtungen schriftlich erfasst. Vor dem Angebot wird festgelegt, was beobachtet werden soll, sodass die beobachtende Pädagogin ihr Augenmerk gezielt hierauf richten kann. Beispiele hierfür können sein: Wie lange schafft es welches Kind, sich auf eine Aufgabe zu konzentrieren? Welches Kind kennt welche Farben? Welches Kind kann einen Ball fangen? Diese gezielten Beobachtungen finden regelmäßig statt, beispielsweise immer im Schulprojekt der Kita, in dem spezielle Angebote für die Vorschulkinder durchgeführt werden.

Gezielte Beobachtungen werden auch durchgeführt, wenn es z.B. darum geht, dass ein Bericht über ein Kind verfasst werden muss oder Informationen für ein Elterngespräch gesammelt werden. In solchen Fällen begleitet eine Pädagogin als Beobachterin ein Kind im Tagesablauf. Auf diese Weise ist es zum einen möglich, sich selbst im Hintergrund zu halten, um beispielsweise beobachten zu können, wie es sich im Spiel mit anderen verhält, welche Position es in Spielgruppen einnimmt, wie es Kontakt aufnimmt oder sich in Konflikten verhält, welches seine Interessen und bevorzugten Spielbereiche sind und vieles mehr. Es ist aber auch möglich, Spielsituationen so zu gestalten, dass bestimmte Beobachtungen, die von besonderem Interesse sind, gemacht werden können. So kann z.B. ein Spiel gespielt werden, das sich dazu eignet zu überprüfen, über welchen Mengenbegriff oder welche Merkfähigkeit ein Kind verfügt oder welche Farben es kennt.

Die dokumentierten Beobachtungen werden für die regelmäßig stattfindenden Fallbesprechungen herangezogen. Hierfür ist ein Leitfaden sinnvoll, um alle Entwicklungsbereiche der Kinder zu erfassen. Als Oberpunkte eignen sich unserer Erfahrung nach Grobmotorik, Feinmotorik, Wahrnehmung, kognitiver Bereich, Sprache, sozialer Bereich, emotionaler Bereich, Ausdauer/Konzentration, Spielverhalten, lebenspraktischer Bereich und familiärer Hintergrund.

Der wichtigste Punkt jeder Fallbesprechung sollte möglichst immer am Anfang stehen: nämlich ein Austausch über die Stärken und Interessen des jeweiligen Kindes. Auch die Ziele, die am Ende der Fallbesprechung formuliert werden, sollen sich unbedingt an den Stärken und Interessen des jeweiligen Kindes orientieren, da dieser Ansatz den besten Zugang zum Kind garantiert und das Erreichen von Förderzielen besser gelingt. Dabei geht es nicht darum, mögliche Defizite und Förderungsbedarf nicht wahrzunehmen. Die Stärken und Interessen verdienen jedoch mindestens genauso viel Aufmerksamkeit. Werden sie erkannt, können und sollen sie für die Entwicklungsförderung genutzt werden.

Ein Beispiel: Farina ist 5;2 Jahre alt und besucht seit eineinhalb Jahren die Kita. In einer Fallbesprechung sind sich die Erzieherinnen einig, dass es sich bei Farina um ein unauffälliges, eher ruhiges Kind handelt, das in den meisten Bereichen, wie z.B. Sprache, Bewegung, Wahrnehmung, Sozialverhalten, altersgemäß entwickelt ist. Ihnen ist allerdings aufgefallen, dass sie in der Feinmotorik Probleme hat. Bei entsprechenden Angeboten konnten sie beobachten, dass sie im Umgang mit der Schere sehr ungeschickt ist. Es gelingt ihr nicht, sich beim Schneiden an vorgezeichneten Linien zu orientieren. Figuren, die sie ausschneiden soll, schneidet sie z.B. versehentlich durch. Auch das Malen macht ihr Schwierigkeiten. Beim Ausmalen gelingt ihr die Stiftführung innerhalb der Linien nicht, sie wirkt ungelenk, kann sich nicht auf die Aufgabe konzentrieren und genügend Ausdauer aufbringen, um sie zu Ende zu führen. Im Freispiel wird der Kreativbereich von Farina gemieden, freiwillig nimmt sie nicht an Bastel- oder Malangeboten teil. In einem Elterngespräch, in dem es um den Entwicklungsstand von Farina ging, hat die Mutter die Einschätzung der Mitarbeiterinnen bestätigt. Ihre Beobachtungen zu Hause sind ähnlich und sie macht sich deshalb schon Sorgen im Hinblick darauf, wie sich dieses Defizit auf zukünftige schulische Leistungen ihrer Tochter auswirken wird.

In der Fallbesprechung wird beschlossen, dass Farina zukünftig dazu angehalten werden soll, regelmäßig an Mal- und Bastelangeboten teilzunehmen. Das soll dazu führen, dass sie den Umgang mit Stift und Schere übt und sicherer darin wird.

Dieses Beispiel beschreibt ein durchaus gängiges Vorgehen in vielen Kindertageseinrichtungen. Es ist jedoch relativ unwahrscheinlich, dass die geplanten Maßnahmen zur Verringerung von Farinas Schwierigkeiten im feinmotorischen Bereich zum gewünschten Erfolg führen.

Folgende Aspekte könnten dem Erfolg deutlich im Wege stehen:

• Farina ist nicht motiviert: Sie würde lieber andere Dinge tun, die ihr viel mehr Spaß machen (und die sie auch besser kann).
• Sie ist sich ihrer Defizite bewusst: Sie hat bereits die Erfahrung gemacht, dass sie Basteln und Malen „nicht gut kann"; das weiß sie bereits über sich selbst, weil sie bemerkt, dass ihre Ergebnisse nie „so schön"

sind wie die der anderen Kinder und ihre Mutter und die Erzieherin auch möchten, dass sie übt, weil sie besser werden soll.

- Farina hat durch das Üben Misserfolge, weil sie genau das tun soll, was sie nicht gut kann: Weil sie jetzt so oft basteln soll, hat sie gar keine Lust mehr und hört lieber wieder auf oder macht lange Pausen. Wenn sie über die Linie malt oder mit der Schere in die falsche Richtung schneidet, möchte sie es auch nicht noch einmal versuchen, weil das sehr anstrengend ist und sie es sowieso nicht kann.

Man kann sich leicht ausmalen, dass Farinas Widerstand gegen das ungeliebte Basteln durch die zusätzliche „Förderung" wächst. Möglicherweise lässt sie sich darauf ein, bei den für sie geplanten Angeboten mitzumachen, vielleicht verweigert sie sich aber auch nach kurzer Zeit. Das hängt sicher von unterschiedlichen Faktoren ab, wie beispielsweise ihrem Temperament, ihrer Frustrationstoleranz und/oder davon, wie gern sie die Erzieherin mag, die die Anforderungen an sie stellt und wie von dieser die Angebote gestaltet werden. Oder auch, wie sehr sie den Erwartungen ihrer Eltern entsprechen möchte.

Es wird jedenfalls deutlich, dass die Voraussetzungen für eine erfolgreiche Förderung so nicht optimal sind, sich sogar eher hemmend auf die gewünschten Entwicklungsfortschritte auswirken können. Bei der beschriebenen Vorgehensweise handelt es sich um einen rein defizitorientierten Ansatz.

Folgende Bedingungen, die sich positiv auf die Lernfähigkeit und die Lernbereitschaft von Kindern auswirken, fehlen oder werden nicht berücksichtigt:

- Interesse, Motivation, positive Emotionen: Lernen geschieht bei Kindern im Spiel. Eine positive Lernatmosphäre, in der sich das Kind wohl, sicher und nicht unter Druck fühlt, wirkt sich sehr förderlich aus. Sein Interesse sollte geweckt sein, es sollte Freude an seinem Handeln haben.
- Stärken und Interessen erkennen und nutzen: Statt einem defizitorientierten Ansatz bei der Förderung zu folgen, sollten die Stärken und In-

teressen des Kindes genutzt werden. Wenn die Pädagogin diese kennt, eröffnen sich ihr in der Regel viele Möglichkeiten, diese dazu zu nutzen, einen positiven Zugang zur Gefühlswelt des Kindes zu finden. Es fühlt sich wahrgenommen und verstanden von einer Erzieherin, die sich für es interessiert und Anteil nimmt, die weiß, was es mag, womit es sich beschäftigt, was ihm wichtig ist und was es gut kann. Es entsteht eine tragfähige Beziehung und Bindung zwischen Erzieherin und Kind, die dazu führt, dass sich das Selbstbild des Kindes und sein Selbstwertgefühl positiv entwickeln, es sich wohl und sicher fühlt und keinen Stress empfindet. Die eigenen Stärken zu kennen und zu erfahren, dass sie gesehen werden, steigert die Motivation und die Lernfreude ganz erheblich.

Farina als positives Beispiel: Farina ist 5;2 Jahre alt und besucht seit einein-halb Jahren die Kita. In Fallbesprechung im pädagogischen Team fand ein ausführlicher Austausch über Farina statt. Die Erzieherinnen haben ihre Beobachtungen und Eindrücke zusammengetragen und dokumentiert: Fa-rina ist ein freundliches Mädchen. Als Spielpartnerin ist sie beliebt, weil sie häufig gute Ideen ins Spiel einbringt. Besonders gern ist sie im Rollen-spielbereich, oft zusammen mit zwei oder drei ihrer Freundinnen. Zu ihren besonderen Vorlieben gehört es, allein oder zusammen mit einem Jungen aus ihrer Gruppe mit einem großen Puppenhaus zu spielen. Hier zeigt sie viel Fantasie und große Ausdauer. Sie entwickelt viele Szenarien und Ge-schichten, die detailreich umgesetzt werden. Oft erfolgt noch eine zusätz-liche Ausstattung des Puppenhauses oder ein Anbau, indem sie Legosteine verwendet.

Farina ist ein sehr bewegungsfreudiges Kind und oft in der Turnhalle oder draußen zu finden. Sie ist eine gute Fußballerin und spielt seit über einem Jahr in der Kita-Mannschaft mit. Draußen klettert sie gern und geht regelmäßig bei den wöchentlichen Waldausflügen oder anderen Naturer-kundungen mit. Sie ist mutig, selbstbewusst, probiert draußen vieles aus und ist interessiert an der Tier- und Pflanzenwelt.

Die Erzieherin, die in der Kita für den Kreativbereich zuständig ist, und auch die Gruppenerzieherinnen von Farina berichten, dass sie ungern bas-

telt oder malt und sie entsprechende Angebote möglichst meidet. Im Umgang mit Stift und Schere wirkt sie ungeübt und bricht ihre Versuche oft vorzeitig ab.

In allen anderen Bereichen können die Erzieherinnen aufgrund ihrer Beobachtungen berichten, dass der Entwicklungsverlauf von Farina altersentsprechend und deutlich positiv verläuft.

Im Elterngespräch zum Austausch bezüglich Farinas derzeitigem Entwicklungsstand bestätigen die Eltern den Eindruck der Erzieherinnen. Sie bezeichnen Farina als „Bewegungskind" und beschreiben, wie sie sich gerade im letzten halben Jahr zu einem sehr selbstbewussten Mädchen entwickelt hat, das weiß, was es will. Sie hat Freundinnen und Freunde in der Nachbarschaft und aus dem Kindergarten, mit denen sie auch am Nachmittag oft spielt. Neben der Bewegung ist auch ihnen aufgefallen, wie gern sie sich ins Spiel mit ihrem Puppenhaus zu Hause vertieft. Die Eltern glauben, dass Farina hierin für sich einen Ausgleich zum Toben und zur Bewegung findet.

Die Eltern sind stolz auf ihre Tochter. Der Mutter ist aber aufgefallen, dass Farina nach wie vor keine Lust zum Basteln oder Malen hat. Wasserfarben oder Buntstifte finden bei ihr zu Hause keine Beachtung und auch wenn die Mutter versucht, sie zum gemeinsamen Basteln zu motivieren, macht sie nicht gern mit. Darüber machen sich die Eltern Sorgen, da sie der Meinung sind, dass Malen und Basteln, besonders im Hinblick auf die Schule, wichtig sind.

Die Förderziele, die für Farina von den Pädagoginnen basierend auf Fallbesprechung und Elterngespräch entwickelt werden, sind folgende: Zum einen soll Farina angeboten werden, dass sie an einer wöchentlich stattfindenden Gruppe teilnehmen kann, in der die Mitarbeiterinnen, die für die Bereiche Turnhalle und Außenbereich zuständig sind, Bewegungsangebote für besonders bewegungskompetente Kinder machen. Diese Gruppe wird angeboten, um Kindern Herausforderungen zu bieten und um ihrer Lust, sich auszuprobieren, gerecht zu werden.

Farina freut sich, dass sie hieran teilnehmen darf und ist sehr motiviert, neben der Fußball-AG ein weiteres regelmäßiges Bewegungsangebot wahrnehmen zu können, das sie so fordert und ihr großen Spaß macht. Besonders schwierige Kletteraufgaben und Inlinerfahren wecken ihren Ehrgeiz und sie hat viele Erfolgserlebnisse. Ihr größter Wunsch zu Weihnachten sind ein Paar Inliner.

Als weiteres Förderziel wird von den Erzieherinnen die Notwendigkeit gesehen, Farinas Möglichkeiten im feinmotorischen Bereich zu erweitern. Hierzu hat die Mitarbeiterin, die Farina aus dem Rollenspielbereich kennt, eine gute Idee, die sie mit der Kollegin aus dem Kreativbereich bespricht. Farinas Interesse am Spiel mit dem Puppenhaus könnte genutzt werden. Mit Farina und dem Jungen, mit dem sie häufig zusammen spielt, wird besprochen, ob sie Lust haben, sich um die „Renovierung" und Verschönerung des Hauses zu kümmern. Farina und ihr Freund sind sofort Feuer und Flamme und bekommen das Puppenhaus-Renovierungsprojekt übertragen. Sie planen gemeinsam mit den Erzieherinnen, wie sie vorgehen möchten und erhalten bei der Umsetzung Unterstützung. Während der Freispielzeiten in der Kita nutzen beide Kinder häufig den Kreativbereich, um z.B. im Werkraum einige neue Möbel aus Holz und aus Pappe zu bauen und diese anzumalen. Farina fände Gardinen vor den Fenstern schön und findet hierfür die passenden Stoffreste. Beim Zuschneiden bittet sie die Erzieherin um Hilfe, ist aber sehr motiviert bei der Sache und gibt auch eigene Versuche nicht auf, bis sie mit dem Ergebnis zufrieden ist. Nach kurzer Zeit entwickelt sich auch bei anderen Kindern Interesse am „Verschönerungsprojekt Puppenhaus". Farina und ihr Freund haben viele gute Ideen und sind auch bereit, weitere Kinder mitarbeiten zu lassen. Farina ist häufig Ideengeberin: Wände werden gestrichen, einige Zimmer werden mit selbst bemalter Tapete tapeziert und es werden sogar zwei Teppiche gewebt. Aus einem Karton wird ein Nachbarhaus gebaut, damit das Renovieren noch weitergehen kann. Farina ist häufig im Kreativbereich zu finden und sehr motiviert mit der Umsetzung ihrer Ideen beschäftigt. Besonders gefällt ihr die Arbeit mit Werkzeugen und Holz im Werkraum, aber auch der Umgang mit Farben, Klebstoff, Schere und vielfältigen Materialien macht ihr mittlerweile mehr Spaß.

Das Beispiel macht deutlich, wie wichtig es ist, die Stärken und Interessen von Kindern herauszufinden und sich ihrer bewusst zu sein. Sie können und sollten als Entwicklungspotenzial gesehen und genutzt werden. Beim Erstellen von Förderplänen sollte man nie in die Falle geraten, ein Kind als Summe seiner Defizite zu sehen, um darauf aufbauend den Förderbedarf zu bestimmen.

Es ist immer sinnvoll, den individuellen Stärken von Kindern ganz bewusst besondere Aufmerksamkeit zu schenken, diese bieten die Ansatzpunkte für sinnvolle, Erfolg versprechende individuelle Förderung. Dies gilt insbesondere auch für Kinder mit Verhaltensauffälligkeiten, Behinderungen, für Kinder, die anderssprachig sind usw., deren Defizite sofort und deutlich ins Auge fallen. Gerade hier ist es in besonderem Maße notwendig, Interessen und Stärken zu sehen und diese den Kindern auch rückzumelden, um zu vermeiden, dass sich ein negatives Selbstbild hemmend auf die weitere Entwicklung auswirkt.

Beobachtung, Dokumentation, Fallbesprechungen haben eine hohe Wichtigkeit, sie sind Voraussetzung für eine sinnvolle und individuelle Förderung in der Elementarpädagogik.

In diesem Zusammenhang sei noch erwähnt, dass sich die sogenannten „Bildungs- und Lerngeschichten" als Beobachtungs- und Dokumentationsinstrument hervorragend eignen. Die individuellen Fähigkeiten des Kindes werden in den Blick genommen und in wertschätzender und persönlicher Weise in kurzen Geschichten schriftlich festgehalten und dem Kind rückgemeldet. Die Erfahrungen haben gezeigt, dass hierdurch die Lernentwicklungen unterstützt und erweitert werden. Auch bildet das Verfahren eine gute Grundlage für Reflexionen im Team.

Offene Kita-Arbeit

Die offene Arbeit in Kindertagesstätten bietet den Kindern hervorragende Lern- und Entwicklungsbedingungen. Bei der Umsetzung gilt es, einige wichtige Aspekte zu beachten. Für die Kinder sollten erkennbare Strukturen zur Orientierung, beispielsweise ein gut nachvollziehbarer Tagesablauf und eine klare Raumgestaltung mit übersichtlichem Materialangebot vorhanden sein.

Auch hat sich die Beibehaltung von Stammgruppen, also eine Gruppenzugehörigkeit für jedes Kind, als sinnvoll erwiesen. Die Gruppe bietet einen räumlichen und durch die Gruppenerzieherinnen auch einen personellen Bezugspunkt. Kinder erleben sich als Mitglied einer festen Gruppe, in der sie ihre Rolle finden, sie können sich mit Gemeinsamkeiten identifizieren und erleben Sicherheit durch Beziehungen. In der Stammgruppe werden die Kinder beim Eintreffen begrüßt und die Gruppenmitarbeiterinnen sind oft, besonders in der Eingewöhnungszeit, die Hauptbezugspersonen für die Kinder und Ansprechpartnerinnen für die Eltern. Während des Tagesablaufs gibt es Zeiten, während der sich die Stammgruppe trifft, um z.B. einen gemeinsamen Morgenkreis durchzuführen. Die Geburtstage der Kinder oder andere besondere Anlässe können innerhalb der Gruppe begangen werden und gruppeninterne Aktivitäten wie Ausflüge oder Feste bieten sich an.

Die Raumgestaltung und -nutzung in einer offenen Kita zeichnet sich dadurch aus, dass es keine traditionell-klassischen Gruppenräume mehr gibt, in denen sich neben Bauecke und Puppenecke in der Regel ein Mal- und Basteltisch, eine Lese- und Kuschelecke und eine große Auswahl verschiedenster Materialien und Spiele befinden. Vielmehr sind die (Gruppen-)Räume als Funktionsräume eingerichtet, in denen jeweils unterschiedliche Lern- und Förderschwerpunkte vertreten sind. Neben klassischen Spiel- und Lernbereichen wie Bewegungsraum oder Turnhalle, Kreativbereich, Außenbereich, Baubereich sind beispielsweise ein Hauswirtschaftsbereich, eine Textilwerkstatt, ein naturwissenschaftlich-mathematischer Bereich, eine Theaterwerkstatt, Bereiche für Wahrnehmung, Entspannung, Musik und vieles mehr denkbar. Es ist nicht notwendig, dass die Arbeit in der Kita auf die klassischen Bereiche beschränkt wird. Besondere Schwerpunkte und Profile sind möglich und wünschenswert und in der offenen Arbeit gut umzusetzen.

Offene Arbeit bedeutet, dass die Kinder die Angebote aller vorhandenen Bereiche zum Spielen und Lernen wahrnehmen und zwischen ihnen wählen können. Anders als in geschlossenen Gruppen können sie auch selbst bestimmen, wo, wie und mit wem sie die Freispielzeit verbringen möchten. Sie können also viel mehr Freiräume in Form von Angebots- und Materialvielfalt, Entscheidungsfreiheit, Nutzung von Zeit und großzügigen räumlichen Bedingungen für sich, für ihre individuellen Bedürfnisse in Anspruch nehmen. Beispielsweise ist in der offenen Arbeit nicht nur ein kleines Zeitfenster im Tagesablauf vorhanden, in dem die Kinder draußen spielen können (oder sogar müssen, weil der Tagesablauf der gesamten Gruppe dies so vorsieht). Es bestehen tägliche Bewegungsmöglichkeiten und -angebote und nicht lediglich ein Turntag pro Woche. Die Kinder können nach ihren individuellen Bedürfnissen Ruhe in einem Entspannungsraum finden, ihrem Bewegungsbedürfnis nachgehen, sich kognitiven Anforderungen stellen, Musik machen und vieles mehr.

Für die Pädagoginnen sind die Möglichkeiten zur individuellen Förderung erheblich günstiger als in geschlossenen oder sogenannten halboffenen Gruppen. Sie sind, genau wie die Kinder, nicht an einen relativ starren Tagesablauf einer geschlossenen Gruppe gebunden und müssen auch nicht gleichzeitig die unterschiedlichen Bedürfnisse von 25 Kindern im Blick behalten, von denen der überwiegende Teil keine Berücksichtigung, zumindest zum jeweiligen Zeitpunkt, finden kann. Die Kinder orientieren sich selbst nach ihren Wünschen und Bedürfnissen, haben durch das Raum- und Materialangebot die Möglichkeit, eigene Ideen zu entwickeln und umzusetzen. Bei Bedarf finden sie dafür Unterstützung bei den für den entsprechenden Bereich zuständigen Erzieherinnen. Die Beobachtung und Förderung der Kinder kann so sehr effektiv stattfinden, da die pädagogischen Fachkräfte sich auf den Schwerpunkt ihres Förderbereichs beschränken können. Sie müssen nicht, wie in der klassischen Gruppenarbeit einer „Allround-Zuständigkeit" nachkommen, die zwangsläufig zu einer Überforderung führt, da es für zwei Gruppenerzieherinnen nicht möglich ist, die unterschiedlichen Bedürfnisse von 25 Kindern im Blick zu haben und angemessen darauf einzugehen.

Das Fachfrauenprinzip in der offenen Arbeit

Es gibt unterschiedliche Möglichkeiten, wie die Verteilung der Zuständigkeiten der Mitarbeiterinnen für die verschiedenen Förderbereiche einer offenen Kindertagesstätte geregelt wird. Zum einen ist ein rotierendes System denkbar, in dem jede Kollegin für einen bestimmten Zeitraum einen Spiel- und Lernbereich übernimmt. Nach ein, zwei oder auch mehreren Wochen erfolgt ein planmäßiger Wechsel in den nächsten Bereich, sodass alle Mitarbeiterinnen der Reihe nach alle Bereiche der Kita durchlaufen.

Die andere Möglichkeit, die Zuständigkeiten zu regeln, ist die Einführung des sogenannten „Fachfrauenprinzips". Das bedeutet, dass es keinen Wechsel der Mitarbeiterinnen wie im rotierenden System gibt, sondern dass jede Pädagogin sich auf einen bestimmten Förderbereich spezialisiert und diesen als Fachfrau fest übernimmt. Voraussetzung hierfür ist, dass im pädagogischen Team die Stärken und Interessen der Mitarbeiterinnen so verteilt sind, dass es möglich ist, eine bestimmte Bandbreite unterschiedlicher Förderbereiche abzudecken. Wenn sich z.B. keine Mitarbeiterin findet, die den Bewegungsbereich übernehmen möchte, ist die Umsetzung schwierig, ebenso wie die mögliche Situation, dass sich ein Großteil der Erzieherinnen als Schwerpunkt nur die Sprachförderung oder den kreativen Bereich vorstellen kann, wenn also die Interessen vieler in ähnliche Richtungen gehen. Vielseitige Interessensverteilung ist hilfreich. Als Nachteil des Fachfrauenprinzips wird gesehen, dass die Fachkräfte durch eine Spezialisierung die Vielseitigkeit ihres Berufes verlieren. Dies kann aber ebenso als Vorteil und Entlastung in der Form empfunden werden, dass der Anspruch an die Erzieherin als „Allrounderin", die alles beherrscht, was Kinder in der Kita lernen sollen, so nicht mehr aufrecht erhalten werden muss.

Wenn die Interessen der Mitarbeiterinnen so verteilt sind, dass sie sich auf ausreichend viele Förderschwerpunkte verteilen lassen und somit die Voraussetzungen für die Umsetzung des Fachfrauenprinzips gegeben sind, bietet dies Kindern wie auch Pädagoginnen große Vorteile und Chancen. Wer als Fachfrau einen festen Fachbereich übernimmt, kann sich ganz auf diesen konzentrieren. Beispielsweise können Fortbildungen gezielter in Anspruch genommen werden. Jede Fachfrau wird Expertin auf ihrem Gebiet und kann Kompetenzen erlangen, deren Vertiefung nicht möglich wäre, wenn weiterhin eine Zuständigkeit einer großen Bandbreite von Bereichen notwendig wäre. Hiervon profitieren natürlich die Kinder in erheblichem Maße. Eine Mitarbeiterin, die selbst großes Interesse an Umwelt und Natur hat, ist sehr viel eher und besser in der Lage, dies auch Kindern zu vermitteln. Darum ist es auch sehr wichtig, dass keine Mitarbeiterin nur halbherzig, z.B. weil sich keine andere findet, bereit erklärt, Fachfrau für einen Bereich zu werden.

Wer selbst keine große Lust hat, sich zu bewegen, wird kaum in der Lage sein, Kinder hierin sinnvoll zu fördern. Das theoretische Wissen um die Wichtigkeit von Bewegung für die kindliche Entwicklung erreicht als motivierender Faktor auch bei viel gutem Willen nicht annähernd die Wirkung von eigenem Spaß an der Bewegung. Wer selbst begeistert ist, kann diese Begeisterung auch weitergeben. Und Kinder, die begeistert, interessiert und motiviert bei der Sache sind, sind emotional positiv gestimmt. Dies ist die wichtigste Voraussetzung für erfolgreiches Lernen und somit für eine positive Entwicklung. Optimal wäre es, wenn eine Erzieherin ihr eigenes Hobby in ihre Arbeit als Fachfrau einbringen könnte. Dies bedeutet, dass sie bereits einen eigenen positiven emotionalen Bezug zu ihrem Schwerpunkt hat, der sich dann leicht den Kindern vermitteln lässt.

Ein weiterer Vorteil des Fachfrauenprinzips besteht darin, dass Pädagoginnen längerfristig planen können, als dies im rotierenden System möglich wäre. Projekte über einen längeren Zeitraum sind ebenso möglich wie wöchentlich stattfindende, fortlaufende AGs.

Fördermöglichkeiten in der Kindertagesstätte am Beispiel des Lern- und Entwicklungsbereichs Bewegung

Im Niedersächsischen Orientierungsplan für Bildung und Erziehung heißt es: „Bewegung ist das Tor zum Lernen und hat im Zusammenspiel mit der Wahrnehmung eine Schlüsselfunktion für die Entwicklung. Deshalb liegt bei der Förderung kindlicher Kompetenzen ein besonderer Akzent auf Bewegung. […] Kinder brauchen vielfältige Bewegungserfahrungen als Anreize für ihre körperliche und geistige Entwicklung. Durch entsprechende Bewegungsmöglichkeiten werden bzw. bleiben

Kinder körperlich sicher. Während die Hirnforschung heute betont, dass sich über Wahrnehmung und Motorik eine differenzierte Plastizität des Gehirns aufbaut, sehen Bildungsforscher vor allem, dass sich Kinder in Bewegung aktiv die Welt erschließen. Kommen die Freude durch spontane Aktivität und der Erfolg im Kompetenzerwerb hinzu, fühlen sich Kinder wohl und erleben sich voller Selbstvertrauen, selbstwirksam, kraftvoll und stark."

Da aus diesen Gründen der Bewegung im Elementarbereich eine besondere Wichtigkeit zukommt, soll dieser Bereich hier als Beispiel für Fördermöglichkeiten in der Kita ausgewählt werden. Ausgehend vom oben beschriebenen Fachfrauenprinzip in der offenen Arbeit sind diese in vielfältiger Form vorhanden.

Bewegungsangebote während der Angebotsphase im Tagesablauf

Die Angebote, die von der Erzieherin, die als Fachfrau für den Bewegungsbereich in der Einrichtung zuständig ist, vorbereitet werden, können von den Kindern neben den Angeboten für die weiteren Spiel- und Lernbereiche ausgewählt werden. Sie können auch mehrmals pro Woche an einem Bewegungsangebot teilnehmen, sodass sich diese Möglichkeit nicht auf eine Turnstunde pro Woche an einem festgelegten Tag beschränkt, wie es in Einrichtungen mit festen Gruppen häufig üblich und organisatorisch nicht anders möglich ist. Die Kinder entscheiden in der Regel nach eigenem Interesse. Die Angebote sind so konzipiert, dass sie sich für alle Kinder, unabhängig vom Entwicklungsstand, eignen. Jüngere Kinder haben die Möglichkeit sich auszuprobieren und erhalten die nötige Unterstützung. Es sind unterschiedliche Schwierigkeitsgrade vorhanden, sodass für ältere oder besonders bewegungsgeschickte Kinder keine Unterforderung und für jüngere keine Überforderung entsteht. Wenn Kinder mit Behinderung teilnehmen möchten, können diese bei Bedarf Unterstützung erhalten, indem sie beispielsweise von einer heilpädagogischen Fachkraft begleitet werden. Es wird auch angeregt, dass die Kinder sich gegenseitig helfen, und die kleineren Kinder profitieren häufig durch Zusehen von den Älteren.

Außerdem können natürlich auch Angebote stattfinden, die z.B. speziell für jüngere Kinder oder für die Älteren vorbereitet wurden und mit den Förderzielen am entsprechenden Entwicklungsstand dieser Kinder ansetzen. In solchen Fällen wird den Kindern mitgeteilt, dass das Turnen an diesem Tag extra für die Vorschulkinder oder für Dreijährige stattfindet. Auch sind im Rahmen geschlechterbewusster Pädagogik beispielsweise Turnhallen- oder Bewegungsbaustellentage nur für Mädchen oder für Jungen denkbar und sinnvoll.

Neben den je nach Angebot unterschiedlichen spezifischen Förderzielen sollen immer die Freude und die Lust an der Bewegung bei den Kindern angesprochen werden und im Vordergrund stehen.

Freispiel in Bewegungsbereichen

In der offenen Arbeit stehen den Kindern neben allen anderen Spiel- und Lernbereichen auch die Bewegungsbereiche, wie Turnhalle, Bewegungsbaustelle, Außenbereich, zur Verfügung. Die zuständigen Erzieherinnen begleiten das Freispiel, beobachten oder unterstützen bei Bedarf die Kinder, indem sie ihnen z.B. helfen, eigene Ideen umzusetzen. Sie können Anregungen geben durch die Bereitstellung von Materialien oder die Kinder frei ihr eigenes Spiel entwickeln lassen. Zudem ist es Aufgabe der Pädagoginnen, auf die Sicherheit zu achten, was aber nicht bedeutet, dass die Kinder durch „Übervorsichtigkeit" übermäßig darin gehemmt werden sollten, sich auszuprobieren. Selbst Unfallversicherungsverbände vertreten inzwischen glücklicherweise die Auffassung, dass es nicht sinnvoll ist, jede kleine Gefahr von Kindern fernzuhalten. Von ihnen werden sogar Fortbildungen für Erzieherinnen angeboten mit Titeln wie „Kinder brauchen Risiko!".

In der Freispielzeit können die Bewegungsbereiche von Kindern als Ausgleich genutzt werden, wenn sie vielleicht vorher an einem Angebot im Kreativbereich teilgenommen oder eine Geschichte gehört haben. Optimal ist es in der offenen Arbeit, dass Phasen der Ruhe oder Konzentration im Wechsel mit Bewegungsphasen stattfinden können. Die Kinder können so ihren ganz individuellen Bedürfnissen entsprechend unter den vielen verschiedenen, parallel bestehenden Spielmöglichkeiten wählen. Sie können Herausforderungen oder Entspannung suchen, ihrem Bewegungsbedürfnis nachkommen und vieles mehr.

Bewegungsprojekte und AGs

Ein großer Vorteil des Fachfrauenprinzips ist es, dass Projekte und AGs besser geplant und umgesetzt werden können. Die dauerhafte Zuständigkeit einer Erzieherin für einen festen Bereich bedeutet erleichterte Organisationsbedingungen. Die jeweilige Mitarbeiterin verfügt z.B. immer über die notwendigen Räumlichkeiten, wie die Turnhalle für den Bewegungsbereich, und kann so festlegen, wann diese wofür genutzt werden soll, ohne dass komplizierte Abstimmungen mit anderen Kolleginnen notwendig werden.

Projekte und AGs, die in der Kita im Bewegungsbereich stattfinden, orientieren sich häufig an besonderen und speziellen Interessen von Kindern, die hiermit aufgegriffen werden können. Beispiel hierfür wäre z.B. eine wöchentlich stattfindende Fußball-AG, die aus einer festen Gruppe von Kindern besteht, die gern Fußball spielen und Interesse daran haben, einmal wöchentlich an einem Training teilzunehmen. Neben Ballgeschicklichkeit und Ausdauer lernen sie hier die Regeln des Spiels kennen und sie einzuhalten. Sie erleben ein Zusammengehörigkeitsgefühl sowie Kooperation mit anderen Kindern in der Mannschaft. Es können Freundschaftsspiele oder Turniere gegen andere Mannschaften oder Kitas veranstaltet werden.

Weitere Beispiele, die in einem ähnlichen Rahmen stattfinden könnten, wären z.B. Tanzen, Inliner fahren, Akrobatik usw. In solchen Gruppen oder AGs haben Kinder die Möglichkeit, ihren speziellen Interessen und Stärken entsprechend aktiv zu werden und Kompetenzen zu erwerben und auszubauen. Besondere Begabungen bei Kindern zu erkennen und zu unterstützen, ist ein wichtiger Bestandteil im Rahmen des Anspruchs der individuellen Förderung in der Kita.

Eine Fachfrau für Bewegung kann auch zeitlich begrenzte Projekte für spezielle Zielgruppen entwickeln. So könnte beispielsweise aus dem

Ziel heraus, besonders bewegungskompetenten Kindern Herausforderungen zu bieten, für diese speziell ein Projekt entstehen – mit Besonderheiten wie Kistenklettern, Geschicklichkeits- und Wettspiele, Kletteraufgaben usw.. Ein solches Projekt könnten die Kolleginnen, die für die Bewegungsbereiche im Innen- und Außenbereich der Kita zuständig sind, gemeinsam entwickeln und durchführen.

Sinnvoll kann es auch sein, Projekte für Kinder zu entwickeln, die beispielsweise Berührungsängste zeigen, an Angeboten in der Turnhalle teilzunehmen. Hier wäre eine Kleingruppe denkbar, in der Kinder behutsam und ohne Überforderung verschiedene Bewegungsmöglichkeiten kennenlernen können. Vorrangiges Ziel wäre hier, den Spaß an der Bewegung zu fördern und den Kindern Erfolgserlebnisse zu vermitteln.

Die exemplarische Darstellung der großen Breite pädagogischer Gestaltungsmöglichkeiten im Bewegungsbereich, die sich natürlich auf die anderen Entwicklungsbereiche einer Kita übertragen lässt, zeigt, dass die Rahmenbedingungen für gute Möglichkeiten individueller Förderung im Elementarbereich durch eine sinnvolle pädagogische Konzeption sehr positiv beeinflussbar sind.

5. Vom Guten mehr, vom Schlechten weniger: Eine physiotherapeutische Bestandsaufnahme zur individuellen Förderung von Kindern

Magdalena Hollen-Schulte

„Das Kind anregen zu müssen, das glauben wir nur, weil wir zu wenig Ahnung davon haben, was jeder Mensch für Entfaltungsmöglichkeiten mit auf die Welt bringt." (Jacoby, 1981)

Spätestens seitdem es sogenannten Integrationskindergärten gibt, in denen Kinder mit besonderen Bedürfnissen ganz selbstverständlich gemeinsam mit den Kindern ihres Alters und ihrer alltäglichen Umgebung betreut, erzogen und gebildet werden, gibt es berufliche Berührungspunkte zwischen der Physiotherapie und der Elementarpädagogik. Denn nicht selten sind Kinder mit amtlich attestiertem erhöhtem pädagogischen Förderbedarf auch Kinder mit erhöhtem motorischen und/oder sensorischen Förderbedarf – das Feld der Physiotherapie bei Kinderbehandlungen. In einigen Fällen gelingt die Kooperation in der Weise, dass die Therapie mit anderen Kindern in der Einrichtung stattfindet und ein regelmäßiger intensiver Gedankenaustausch zwischen allen, die um das Wohl des Kindes besorgt sind, selbstverständlich ist. Diese Erfahrung war und ist eine große Bereicherung für meine physiotherapeutische Arbeit mit Kindern und hat meine physiotherapeutische Sicht und mein Handeln deutlich geprägt.

Eine Bestandsaufnahme

Das berufliche Selbstverständnis eines jeden Therapeuten ist es, Menschen durch geeignete Maßnahmen und Therapieformen in ihrer ganz spezifischen Situation zu heilen bzw. sie zu fördern oder zu unterstützen, mit oder trotz ihrer Beeinträchtigungen oder Einschränkungen eine weitestgehende Selbstständigkeit zu erlangen. Dies trifft uneingeschränkt auch für die Physiotherapie zu. So definiert der Zentralverband der Physiotherapeuten/Krankengymnasten (ZVK) das Tätigkeitsfeld der Physiotherapie als die gezielte Behandlung gestörter körperlicher Funktionen unter Nutzung körperlicher Anpassungsmechanismen, um eine gezielte positive Wirkung auf den Körper zu erlangen (vgl. ZVK. ORG-Deutscher Verband für Physiotherapie 2010). Primär erfolgt die physiotherapeutische Behandlung über die passive und/oder aktive Bewegung des Menschen. Ausgangspunkt hierfür ist die Annahme, dass Bewegung eine Grundfähigkeit des Lebens ist. Physiotherapie versteht sich darüber hinaus als „ganzheitlicher Ansatz"[6].

Gerade im Fachbereich der Pädiatrie wird dieser ganzheitliche Anspruch von nahezu allen Kollegen und Kolleginnen vertreten. Was ver-

---

6 § 8 Abschnitt 3 Ausbildung als Physiotherapeut (MPhG), zuletzt geändert durch Art. 4 G v. 25.9.2009 I 3158: „Die Ausbildung soll [...] insbesondere dazu befähigen, durch Anwenden geeigneter Verfahren der Physiotherapie [...] Hilfen zur Entwicklung, zum Erhalt oder zur Wiederherstellung aller Funktionen im somatischen und psychischen Bereich zu geben und bei nicht rückbildungsfähigen Körperbehinderungen Ersatzfunktionen zu schulen (Ausbildungsziel)."

birgt sich jedoch aus physiotherapeutischer Perspektive unter diesem Ganzheitlichkeitsanspruch? Und daraus resultierend stellt sich die Frage: Nach welchen Handlungsorientierungen erfolgt demgemäß eine individuelle ganzheitliche Förderung eines Kindes?

In der Therapie wird immer deutlicher, welch hohen Stellenwert neben Wahrnehmung, Haltung und Bewegung die Motivation, Lernbereitschaft, Affektlage sowie Interaktion und Kommunikation für die erfolgreiche Behandlung haben (Loose 2002). Bereits in den 1990er Jahren engagierte sich Antje Hüter-Becker um physiotherapeutische Ansätze, die auf einem bio-psycho-sozialen Modell von Gesundheit und Gesundheitsstörung oder/und einem salutogenetischem Modell gründen (2002). Deutlich rückte damit der Mensch mit seinen individuellen Bedingungen und Bedürfnissen in den Mittelpunkt. Nur so kann er seinen Bedürfnissen entsprechend therapiert bzw. gefördert werden.

Im Spannungsfeld von Ideal-, Normal und Alltagsbewegung

Nach wie vor ist die Ausgangssituation einer therapeutischen Intervention die Befunderhebung; dies bedeutet ein Abgleichen dessen, was ist, mit dem, was idealerweise sein oder erreicht werden soll. Das therapeutische Ziel oder Ergebnis ist mehr oder weniger bewusst an Idealvorstellungen der Entwicklung ausgerichtet (Vojta/Schweizer 2009). Selbstverständlich vertrauen Eltern (und auch Ärzte) darauf, dass erfahrene Therapeuten die geeigneten Mittel und Wege kennen und beherrschen, das bestmögliche Behandlungsziel zu erreichen. Nicht selten stellt sich den Therapeuten dabei die Aufgabe, die elterlichen Erwartungen zu korrigieren – und die eigenen gelegentlich auch. Das bestmögliche Therapieziel darf nicht den positiven Blick verstellen. Für alle Beteiligten ist es von immenser Bedeutung, immer wieder zu betrachten, was die „Habenseite" aufweist, sich bewusst zu machen, wo Fortschritte stattfinden!

Physiotherapeuten gegenüber die Wichtigkeit eines ressourcenorientierten Blicks zu betonen, könnte so aussehen, wie Eulen nach Athen zu tragen. Denn wohl kaum ein Kollege, eine Kollegin bezweifelt, dass nur durch das Aufdecken dessen, was das Kind kann und durch Anknüpfen an die vorhandenen Fähigkeiten ein Ausbauen eben dieser Kompetenzen erfolgreich ist. Nur so ist Weiterentwicklung möglich. Wenn es um die Befunderhebung geht, sieht es in der Realität hingegen häufig ganz anders aus. Nur selten bleibt ausreichend Zeit, sich mit den Eltern, Ärzten oder weiteren therapeutischen Berufsgruppen über die positiven Seiten auszutauschen und diese gar gebührend hervorzuheben. Tatsächlich ist die Befunderhebung primär symptomorientiert und nach wie vor überwiegend darauf ausgerichtet, Probleme und Defizite ausfindig zu machen (Loose 2002). Die feststellbaren Ist-Werte werden mit Soll-Werten in eine Relation gebracht, als Probleme, auffällige Reaktionen oder Störungen bzw. Krankheiten diagnostiziert, aus denen sich nach genauer Analyse ein Therapieplan ergibt. Unbestreitbar ist, dass durch eine umfangreiche Befunderhebung wichtige Informationen für Lösungen und Entwicklungsförderung zu finden sind. Eine optimale Ressourcenaktivierung würde für den Therapeuten bedeuten, dass sie/er das therapeutische Angebot ganz auf die Möglichkeiten und Bedürfnisse des Patienten abstellt. Dafür ist neben einer großen Flexibilität auch eine hohe Variabilität im therapeutischen Repertoire erforderlich sowie ein fundiertes Fachwissen im eigenen Feld wie in den benachbarten Feldern, z.B. der Psychologie oder Pädagogik.

In ihrem Buch mit dem fast provozierenden Titel „Lass mir Zeit" konstatierte bereits in den 1970er Jahren Emmi Pikler[7], dass die Bewegungsentwicklung eines Säuglings immer mehr mit kritischen Blicken verfolgt werde. Normabweichungen und pathologische Bewegungen würden immer differenzierter beschrieben, wohingegen die Begriffe für die Beschreibung der vielfältigen alltäglichen Bewegungsabläufe verarmten. Vielen Kolleginnen und Kollegen hat Emmi Pikler für die Tätigkeit im Fachbereich der Kinderheilkunde wichtige Impulse für ihre physiotherapeutische Arbeit gegeben. Sie wies darauf hin, wie notwendig es ist, die naturgegebenen Gesetzmäßigkeiten der kindlichen Bewegungsentwicklung – die eigenen Problemlösungsstrategien – genau zu

---

7 Ungarische Kinderärztin, *1902 in Wien, †1984 Budapest, beschritt neue Wege in der Kleinkindpädagogik, im Mittelpunkt stand die Bewegungsentwicklung des Säuglings.

erforschen, um dem Kind seine ursprünglichen Fähigkeiten und Kräfte zu erhalten. In diesem Spannungsfeld zwischen naturgegebener Gesetzmäßigkeit und therapeutischer Idealvorstellung ist es nicht immer leicht, eine klare Handlungsorientierung und eine eigene Position zu finden, um individuelle Förderung tatsächlich umzusetzen.

Ganzheitliche individuelle Förderung in der Praxis

Wie vom Guten mehr in das Blickfeld gelangen kann, sollen nachfolgende Fallbeispiele aus dem physiotherapeutischen Indikationsbereich verdeutlichen: Finn[8] (4;8 Jahre) kam als Säugling mit dem Verdacht der frühkindlichen Hirnschädigung (ICP) in die Behandlung. Als sogenanntes Frühchen war er doppelt risikobehaftet. Die Eltern, hoch motiviert, alles Erdenkliche für ihr Kind zu tun, nahmen jede Empfehlung bereitwillig an und setzten die therapeutische Anleitung verantwortungsbewusst und gewissenhaft um. Dass Finn häufig bei den Übungen weinte, wurde dadurch erklärt, dass ihn die Übungen natürlich anstrengten. Ungeachtet dessen sei es aber unbedingt wichtig, sie regelmäßig und konsequent fortzusetzen. Selbstverständlich waren die Eltern ihrem Kind gegenüber sehr aufmerksam, jede Regung und Bewegung wurde sorgfältig wahrgenommen und beobachtet: *wie* hebt es den Kopf, *wie* stützt es die Arme, *wie* greift es nach Spielzeug, *wie* zieht er sich hoch etc. Kein Entwicklungsfortschritt wurde übersehen. Vielleicht wurde jedoch übersehen, wie sich Finn über die einzelnen Erfolge gefreut hat. Denn auch unter dem Einfluss einer leichten Spastik sind die Bewegungsmuster selten ideal, es bleiben „Restsymptome". Es bleiben auch Sorge und Unsicherheit, und nicht selten beeinträchtigen diese die Motivation von Eltern und Kind. Finns Eltern konnten die Belastung in der Funktion der Co-Therapeuten gut verbalisieren und den hohen Erfolgsdruck, den sie im Zusammenhang damit erlebten. Dies war Anlass genug, den Blick auf die „Habenseite" zu lenken. Finn war ein außerordentlich guter Beobachter und Zuhörer, zudem begann er früh zu sprechen. Und er zeigte eine große Bewegungslust – leider nicht

---

8 Die Namen der genannten Kinder wurden geändert.

im physiologischen Bewegungsmuster. Der Spagat, der sich auftat, war nicht unerheblich: kontrollierte physiologische Bewegungsqualität oder ungehemmte Bewegungsfreude in kompensierten Mustern? Wenn sich diese Muster, falscher Stütz und pathologischer Zehengang, mangelndes Gleichgewicht und ungeschicktes Steigen, nun verfestigen? Dennoch fiel die Entscheidung zugunsten der Bewegungsfreude. Seine Lust und Freude an Bewegungen und sich mit seinem Körper auszuprobieren, erschien mir als ein gutes Startkapital. Die Therapiestunden wurden so konzipiert, dass gezielte Anreizsituationen geschaffen wurden: Wollte er den Klangapfel oder das Bilderbuch, musste er sich dies selbstständig holen. Der Weg dahin führte beispielsweise durch einen Tunnel oder über ein Styroporkissen. Um in die geliebte Bohnenkiste zu gelangen, musste er sich an der Schräge hochziehen; Klettern oder Treppen steigen wurden „natürlich" in die Spielhandlungen eingebaut. Durch gezielte Gestaltung der Arrangements, durch Übung und Training sollte es gelingen, die gewünschten „neuronalen Muster" soweit zu automatisieren, dass sie immer öfter an Stelle der „unerwünschten" Muster die Bewegungssteuerung übernehmen können. In abgewandelter Form wurden die gleichen Bewegungsabläufe ständig wiederholt, ohne dass seine Lust darunter litt. In diesen Therapieeinheiten war Finn deutlich motivierter, und seine Eltern spürbar entspannter. Er vergrößerte nicht nur sein Bewegungsrepertoire erheblich, auch die Qualität verbesserte sich kontinuierlich. Meine Annahme, dass auf diese Art und Weise ausreichend physiologische Bewegungsimpulse provoziert und wiederholt würden, hat nicht dazu geführt, dass er beim Gehen jetzt vollflächig seinen Fuß abrollt oder sicher über eine schmale Bank balanciert. Er kann jedoch geschickt die Sprossenwand hochklettern, alternierend über die Leiter auf die andere Seite krabbeln und am Ende der Rutsche kontrolliert seinen Körper abfangen. Mit den Eltern gemeinsam überlege ich in/nach jeder Stunde, wie im Alltagsgeschehen diese Fähigkeiten gesichert und ausgebaut werden können. Größtenteils kann Finn seine Fähigkeiten gut einschätzen, ist wissbegierig und traut sich auch Unbekanntes zu. Er kann mit Misserfolgen umgehen und zeigt in der Regel die nötige Ausdauer, seine Zielvorstellungen zu erreichen. Seitdem Finn den Kindergarten besucht, gibt es auch Hospitationsbesuche von „seiner" Erzieherin. Der Austausch erscheint für alle Beteiligten lohnend. Er ist dort gut integriert und ein Junge ohne nennenswerte besondere Bedürfnisse.

Ebenfalls typisch, jedoch anders gelagert ist der zweite „Fall": Für André (6;9 Jahre), ein sogenanntes Integrationskind, steht im Sommer der Wechsel in die Grundschule an. Noch immer ist er im Vergleich zu anderen Kindern sehr klein. Vor ca. einem Jahr war er zudem grob- und feinmotorisch äußerst ungeschickt, muskulär auffallend schwach (hypoton) und ängstlich vermeidend gegenüber nahezu allen Bewegungsangeboten. Klettern, springen, rutschen, balancieren, all das bereitete ihm solche Angst, dass er sich in hilfloses Weinen flüchtete – eine typische Indikation für eine Einzeltherapie, in der gezielt an den Schwächen gearbeitet werden kann. Soweit vertretbar, findet die ambulante therapeutische Begleitung in dieser Kita jedoch als Gruppenangebot statt. André zeigte als eine wichtige Ressource Fantasie, und er hat ein hohes Interesse am Spiel der anderen Kinder. Diese könnten zumindest als Modell für Bewegungspläne und Handlungsstrategien dienen. So blieb er in der Gruppe. Konkret gab es einen Anlass, die großen Umbauarbeiten auf dem Kita-Gelände in der Therapiestunde nachzuspielen: aus großen Schaumblöcken wurde ein „Altbau" konstruiert, der dann abgerissen werden sollte. Zunächst reichte André den Kindern, die „den Kran lenkten", Klötze auf einen Kasten hoch, damit ein großes Haus entstehen konnte, danach die Abrissbirnen (Softbälle, Gummibälle, Gymnastikbälle, große und kleine Medizinbälle etc.), um alles zum „Einkrachen" zu bringen. Die Kinder waren eifrig beschäftigt mit Aufbauen, Abreißen und Wiederaufbauen, und plötzlich konnte André die Hilfe der anderen annehmen, auch auf den Kasten zu klettern, die „Abrissbirnen" zu werfen und die „Rampe" herunter zu rutschen. Dies war ein Meilenstein für ihn. Er hatte seine Angst überwunden. Auch zeichneten die Kinder eine Reihe eigener Baupläne, und André übte sich im Malen und Schneiden. Zu dem Thema arbeiteten wir eine längere Zeit. Beim „Richtfest" sprang

André vom großen Kasten herunter in die „Baugrube", in ein großes Styroporkissen. Die Stifthaltung bereitet ihm noch Probleme, und bis auf die letzten beiden Sprossen zu klettern, ist noch immer zu gefährlich. Manchmal erinnert er sich: „Früher, als ich das noch nicht konnte."

Ein letztes Beispiel widmet sich Luzie (9;3 Jahre). Im Kindergarten war sie ein eher ruhiges Kind. Lieber bewegte sie sich am Rand als im Getümmel. Gelegentlich stolperte sie über ihre eigenen Füße. Mit Eintritt in die Schule hatte sie ein gestörtes Verhältnis zu Zahlen – und bald auch zu anderen schulischen Aufgaben. Die Eltern vermuteten körperliche Ursachen. Der Kinderarzt diagnostizierte Koordinationsstörungen sowie eine Dysregulation im Gleichgewicht und in der Muskelspannung, verordnete Ergotherapie, die sie nach ca. zwei Jahren boykottierte. So wechselte sie zur Physiotherapie. Bei entsprechenden Motoriktests zeigte sich ihr Unvermögen, vor- oder rückwärts zu balancieren oder rhythmische Bewegungen wie seitliches Hin- und Herhüpfen oder den Hampelmann ausreichend lange durchzuführen. Luzie überraschte dies wenig, sie hatte kein besonders positives Bild von sich. Als physiotherapeutische Maßnahmen hätte hier eine breite Auswahl an Therapiemöglichkeiten zur Verfügung gestanden: mit oder ohne Gerät, aktiv oder passiv, mehr oder weniger anstrengend. Relativ schnell war jedoch klar, dass Luzie an erster Stelle ein Erfolgserlebnis brauchte. Nicht das Arbeiten an ihren Schwierigkeiten – und damit das erneute Erleben ihrer Defizite – war wesentlich, sondern zunächst galt es, ihr Selbstkonzept – das eigene Bild von sich – wieder so zu festigen, dass sie Vertrauen in ihre Fähigkeiten zurückgewinnen konnte. In der Vorbereitung der Therapiestunden orientierte ich mich an dem, was positiv besetzt war: Sie mochte Malen, auch Kegeln und Federball spielen. Sie malte Spielfelder für Luftballon-Tennis auf, kegelte mit unterschiedlich schweren Bällen (200g-3kg), die einzelnen Wege im selbst gemalten Labyrinth[9] mussten den Farben entsprechend im Wechselsprung, balancierend oder

---

[9] Auf dem Korkboden im 30qm großen Therapieraum konnte sie mit verschiedenfarbiger Straßenmalkreide ein großes Labyrinth malen.

auf einem Bein hüpfend, bewältigt werden. An diesen Angeboten hatte Luzie ihre Freude. Bald konnte sie feststellen, dass sie einiges sehr wohl kann, und anderes gerne können möchte, wie z.B. Trampolin springen. Dies lässt sich gut in einen Parcours mit unterschiedlichen basalmotorischen sowie koordinativen Aufgaben einbauen. Mit zwei, drei oder vier Würfeln lassen sich Gleichgewichts- und Spannungsübungen, komplexe rhythmische Bewegungsmuster und Koordinationsübungen z.B. mit einem Ball zudem gut mit mathematischen Operationen verbinden. Die Anzahl der Wiederholungen kann sie selbst bestimmen – die gewürfelten Augenzahlen lassen sich addieren, subtrahieren, multiplizieren etc. Luzie absolvierte die Aufgaben mit Freude und Erfolg. Wie stabil ihr Selbstkonzept ist, wird sich erst mit der Zeit zeigen. Derzeit ist Mathematik nicht mehr so negativ besetzt, und seit Kurzem macht sie einen Kurs im Einradfahren mit.

Eine Bilanz

In den Grundlagen zur Physiotherapie wird die Eigentätigkeit der Patienten als Grundvoraussetzung für den therapeutischen Prozess genannt, ergänzt wird dies durch die personelle Begegnung zwischen Behandlerin und Patientin (Cotta et al. 1982). Immer geht es in der therapeutischen Begegnung um eine persönliche Beziehung mit einem einzigartigen Menschen; Physiotherapie definiert sich somit als individuelle Förderung. Dies zu ermöglichen, ist Inhalt der Ausbildung. Die theoretische und praktische Ausbildung von Physiotherapeuten umfasst ein hohes Maß an Kenntnissen und Fertigkeiten, die (kindliche) Bewegungsentwicklung im Falle von Abweichungen, Beeinträchtigungen oder Störungen durch geeignete Maßnahmen und Methoden gezielt zu fördern. Zudem werden besonders von Kindertherapeuten spezielle Zusatzausbildungen erwartet. Wissen und Können zur Hemmung von Reflexaktivitäten oder primitiven frühkindlichen Mustern sowie Anbahnung physiologischer Bewegungsmuster kennzeichnen die Qualifikation. Physiotherapeutisch im pädiatrischen Feld tätig zu sein, bedeutet auch zu wissen, wie Lernsituationen im Alltag beschaffen sein müssen, damit sie ein hohes Maß an gewünschten neuromuskulären Aktivitäten und Gelenkbewegungen auslösen – die gewünschte, wohladaptive Bewegungsmuster begünstigen. Zudem wissen die allermeisten Kolleginnen und Kollegen, dass selbstbestimmte Ziele ein deutlich positiveres und langfristig stabileres Ergebnis erzielen. Nicht zuletzt machen wir regelmäßig die Erfahrung, dass ressourcenorientiertes und -aktivierendes Arbeiten die Beziehungsebene verbessert, die Explorationsfreude fördert und die Motivationslage unterstützt. Ein positiver Einfluss auf die Eltern-Kind-Interaktion und auf die Eltern-Therapeuten-Beziehung ist ein durchaus erwünschter Nebeneffekt! Das Wissen um idealmotorische Entwicklungen sollte nicht dazu verleiten, medizinische Idealvorstellungen unzureichend zu reflektieren und allzu schnell nachweislich effektive therapeutischen Maßnahmen anzustreben. Nicht immer ist dies kompatibel mit den individuellen Zielvorstellungen und Entwicklungsverläufen der Kinder. Manches, was aus physiotherapeutischer Sicht zur Symptombeschreibung führt, ist Ausdruck selbstständiger kindlicher Initiative – anfangs eventuell ungeschickt und mit schlechter Bewegungs- und Haltungsnote. Umso mehr gilt es im therapeutischen Alltag, in einer geeignet gestalteten Lern- und Erfahrungswelt eine Balance zu finden zwischen Zeit lassen und Sich-Einschalten, damit die Initiative der Kinder nicht behindert wird und so noch mehr Einschränken statt Fördern stattfindet. Aktuell findet ein solches Bemühen Ausdruck im sogenannten „Clinical Perceiving" (Hauswald 2008), der Kunst des klinischen Wahrnehmens. Erklärtes Ziel hierbei ist es, sich Zeit zu nehmen, individuell und situationsbezogen sinnliche Eindrücke zu sammeln und diese als Grundlage reflektierten therapeutischen Handelns zu verwenden. Damit verbunden wäre zwangsläufig, dass Inhalt und Ziel der Behandlung gemeinsame Sache wird, dass die Stärken des Patienten in den Fokus der Behandlung treten und vorhandene Ressourcen genutzt werden.

Den Blick auf die vorhandenen Ressourcen zu lenken, das Potenzial der Kinder zu erkennen und zu nutzen, ist nicht immer ein einfacher Weg. Aber ein lohnender! Die Kinder führen den Erfolg auf ihre Anstrengung und auf ihr eigenes Tun und Handeln zurück. So können sie wieder selber zu Gestaltern ihrer Entwicklung werden. Dies wiederum wirkt sich positiv auf die Eltern aus; sie werden so auf ganz natürliche Art bestärkt, vom Guten mehr und vom Schlechten weniger wahrzunehmen und zu fördern.

Literatur

Ahnert, Lieselotte (2004): Bindungsbeziehungen außerhalb der Familie: Tagesbetreuung und Erzieherinnen-Kind-Bindung. In: Ahnert, Lieselotte (Hrsg.) (2004): Frühe Bindung. Entstehung und Entwicklung. München: Reinhardt, S. 256–277

Ahnert, Lieselotte (2007): Von der Mutter-Kind- zur Erzieherinnen-Kind-Bindung? In: Becker-Stoll, Fabienne/Textor, Martin (Hrsg.) (2007): Die Erzieherin-Kind-Beziehung: Zentrum von Bildung und Erziehung. Mannheim: Cornelson, S. 31-41

Ahnert, Liselotte/Pinquart, Martin/Lamb, M.E. (2006): Security of Children's Relationships With Nonparental Care Providers: A Meta-Analysis. Child Development, 74 (3), S. 664-679

Altgeld, Karin/Krüger, Tim/Menke, André (2009): Von der Kindertageseinrichtung zum Dienstleistungszentrum – ein internationaler Länderreport. Wiesbaden: VS Verlag

Amtsblatt der Europäischen Union vom 7.6.2008 zur „Förderung von Kreativität und Innovation durch allgemeine und berufliche Bildung" (2008/C141/10)

Arbeitsstab Forum Bildung/Bund-Länder-Kommission für Bildungsplanung und Forschungsförderung. (2002): Empfehlungen und Einzelergebnisse des Forum Bildung. Bonn

Arnold, Karl-Heinz/Richert, Peggy (2008): Unterricht und Förderung: Die Perspektive der Didaktik. In: Arnold, Karl-Heinz/Graumann, Olga/Rakhkochkine, Anatoli (Hrsg.) (2008): Handbuch Förderung – Grundlagen, Bereiche und Methoden der individuellen Förderung von Schülern. Weinheim und Basel: Beltz

Bergs-Winkels, Dagmar (2007): Individuelle Förderung im Elementarbereich. In: Fröhlich-Gildhoff, Klaus/Nentwig-Gesemann/Iris & Pia Schnadt (Hrsg.) (2007): Neue Wege gehen – Entwicklungsfelder der Frühpädagogik. München und Basel: Reinhardt

Bertelsmann Stiftung. Länderreport frühkindliche Bildungssysteme 2008 (http://www. bertelsmann-stiftung.de/cps/rde/xbcr/SID-1CB94B66-87060393/bst/ni_a4.pdf)

BMFSFJ (Hrsg.) (2007): Kinder- und Jugendhilfe – Achtes Buch Sozialgesetzbuch. Berlin

Boldaz-Hahn, Stefani (2008): „Weil ich dunkle Haut habe" – Rassismuserfahrungen im Kindergarten". In: Wagner, Petra (Hrsg.) (2008): Handbuch Kinderwelten: Vielfalt als Chance – Grundlagen einer vorurteilsbewussten Bildung und Erziehung. Freiburg: Herder, S. 102–112

Bönsch, Manfred (2001): Das Lehrer/in-Schüler/in-Verhältnis. In: Roth, Leo (Hrsg.) (2001): Pädagogik. München: Oldenbourg Verlag

Brandes, Holger (2008): Selbstbildung in Kindergruppen. Die Konstruktion sozialer Beziehungen. Reinhardt: München

Cotta, H., Heipertz, W., Hüter-Becker, A., Rompe, G. (Hrsg.) (1982): Krankengymnastik, Bd. 1 Grundlagen der Krankengymnastik I, Stuttgart: Thieme

Elias, Norbert (1988): Über die Zeit. Arbeiten zur Wissenssoziologie II, Frankfurt am Main: Suhrkamp

Fischer, Christian/Mönks, Franz Josef/Westphal, Ursel (Hrsg.) (2008): Individuelle Förderung: Begabungen entfalten – Persönlichkeit entwickeln. Münster: LIT-Verlag

Fthenakis, Wassilios Emmanuel/Gisbert, Kristin/Griebel, Wilfried/Kunze, Hans-Rainer/Niesel, Renate/Wustmann, Corina (2007): Auf den Anfang kommt es an. Perspektiven für eine Neuorientierung frühkindlicher Bildung. Berlin: BMBF

Fthenakis, Wassilios Emmanuel/Oberhuemer, Pamela (2004): Frühpädagogik international – Bildungsqualität im Blickpunkt. Wiesbaden: VS Verlag

Gardenswartz, Lee / Rowe, Anita (2002): Diverse Teams at Work; Society for Human Resource Management

Gesetz über die Berufe in der Physiotherapie (Masseur- und Physiotherapeutengesetz – MPhG) http://www.gesetze-im-internet.de/bundesrecht/mphg/gesamt.pdf download 25.05.2010

Glaser, Barney Galland/Strauss, Anselm L. (1998): Grounded theory. Strategien qualitativer Forschung. Bern [u.a.]: Huber

Grochla, Nadine (2008): Qualität und Bildung – Eine Analyse des wissenschaftlichen Diskurses in der Frühpädagogik. Berlin: LIT-Verlag

Guilford, J. P. (1970): Grundlegende Fragen bei kreativitätsorientiertem Lernen. In: Mühle, G.; Schell, C. (Hrsg.): Kreativität und Schule. München, S. 13-36

Hauswald, D. (2008): Clinical Percieving. in: PT Zeitschrift für Physiotherapeuten 9/2008, München, S. 976-980

Heller, Kurt (2008): Von der Aktivierung der Begabungsreserven zur Hochbegabtenförderung – Forschungsergebnisse aus vier Dekaden. Berlin: LIT-Verlag

Heller, Kurt/Ziegler, Albert (Hrsg.) (2007): Begabt sein in Deutschland. Münster: LIT-Verlag

Hohaus, A./Meißner-Trautwein, A./Rintelmann, Y. (Institut bildung: elementar) (o. J.): Fachbeitrag: Beobachtung und Professionalität in der täglichen Praxis in Kindertageseinrichtungen und professionelles Handeln der ErzieherInnen in den Bildungsplänen für elementare Bildung in Deutschland. http://www.kitas-im-dialog.de/download/fachbeitrag_beobachtung.pdf (25.10.2008, letzter Zugriff).

Hüter-Becker, Antje (Hrsg.): Lehrbuch zum neuen Denkmodell der Physiotherapie. Bd. 1 Bewegungssystem. Stuttgart; 2002

Juul, Jesper/Jensen, Helle/Mißfeldt, Dagmar (2009): Vom Gehorsam zur Verantwortung. Für eine neue Erziehungskultur. 3., vollst. überarb. Aufl. Weinheim: Beltz

KitaG. http://www.jugendhilfeportal.de/downloads/Rechtsfragen/NdsKitaG.pdf (25.10.2008, letzter Zugriff)

Klement, Karl (2005): Über die „Identifikation" von Begabungen – oder: Auf der Suche nach verborgenen Qualitäten. In: Klement, Karl/Oswald, Friedrich (2005): Begabungen entdecken – Begabte fördern. Wien: LIT-Verlag

Kuhl, Julius (2001): Motivation und Persönlichkeit: Interaktionen psychischer Systeme. Göttingen.

Landesbetrieb für Statistik und Kommunikationstechnologie Niedersachsen. KI4-j/2008. Kinder und tätige Personen in Tageseinrichtungen und in öffentlich geförderter Kindertagespflege am 15. März 2008

Largo, Remo (1999): Kinderjahre – Die Individualität des Kindes als erzieherische Herausforderung. München: Piper

Loose, Antje-Catrin (2002): Systematische therapeutische Diagnostik in der Pädiatrie und Neurologie. Effektive Diagnostik und Dokumentation mit Befundbögen, München: Pflaum

Mähler, Claudia (2008): Förderung und Entwicklung: Die Perspektive der Entwicklungspsychologie. In: Arnold, Karl-Heinz/Graumann, Olga/Rakhkochkine, Anatoli (Hrsg.) (2008): Handbuch Förderung – Grundlagen, Bereiche und Methoden der individuellen Förderung von Schülern. Weinheim und Basel: Beltz

Merkel, J. (2005): Gebildete Kindheit – wie die Selbstbildung von Kindern gefördert wird. Bremen: Ed. Lumière

Meuser, Michael/Nagel, Ulrike (2005): ExpertInneninterviews – vielfach erprobt, wenig bedacht. Ein Beitrag zur qualitativen Methodendiskussion. In: Bogner, Alexander/Littig, Beate/Menz, Wolfgang (2005): Das Experteninterview. Theorie, Methode, Anwendung. Wiesbaden: VS Verlag für Sozialwissenschaften, S. 80-93

Mönks, Franz (2003): Kleinkindforschung und Hochbegabung. In: Wagner, Harald (Hrsg.) (2003): Frühzeitig fördern – Hochbegabte im Kindergarten und in der Grundschule. Bonn: Verlag Karl Heinrich Bock, S. 11-15

Nutbrown, Cathy (2004): Kinderrechte: Ein Grundstein frühpädagogischer Curricula. In: Fthenakis, Wassilios/Oberhuemer, Pamela (2004): Frühpädagogik international – Bildungsqualität im Blickpunkt. Wiesbaden: VS-Verlag

Ossowski, Ekkehard (2006): Mythos „Kreativität"? Kindliche Kreativität zwischen Genialität und Anstrengung. Ringvorlesung „Kreativität und Begabung in der Grundschule" (Uni Osnabrück WS 2006/2007).

Oswald, Friedrich (2005): In der Anerkennung des Menschenrechts auf Begabung entsteht die „Reformpädagogik des 21. Jahrhunderts". In: Heitzinger, Christian/Schütz, Josef. (Hrsg.) (2005): Begabungen fördern, Persönlichkeiten stärken. Linz: Trauner, S. 7–32

Perleth, Christoph/Schatz, Tanja (2003): Aus der Forschung: Zur Begabungsentwicklung und -förderung im Vorschulalter. In: Wagner, Harald (Hrsg.) (2003): Frühzeitig fördern – Hochbegabte im Kindergarten und in der Grundschule. Bonn: Verlag Karl Heinrich Bock, S. 17-39

Reichenbach, Christina/Lücking, Christina (2007): Diagnostik im Schuleingangsbereich. Diagnostikmöglichkeiten für institutionsübergreifendes Arbeiten. Dortmund: Borgmann Media

Rogers, Carl R. (1976): Entwicklung der Persönlichkeit. Psychotherapie aus der Sicht eines Therapeuten. München

Rollett, Brigitte (2005): Frühförderung vielfältiger Begabungen: Kleinkind- und Kindergartenalter. In: Klement, Karl/Oswald, Friedrich (2005): Begabungen entdecken – Begabte fördern. Wien: LIT-Verlag

Rosenthal, Gabriele (2008): Interpretative Sozialforschung. Eine Einführung. 2., korrigierte Aufl. Weinheim: Juventa

Schäfer, Gerd E. (2005): Bildungsprozesse im Kindesalter. Selbstbildung Erfahrung und Lernen in der frühen Kindheit. 3. Aufl. Weinheim [u.a.]: Juventa

Schäfer, Gerd E. (2006): Deutschland im Bildungsfieber: Auswirkungen auf die Elementarpädagogik – eine kritische Betrachtung. In: klein & groß, 02-03, S. 14

Sechtig, Jutta/Schmidt, Thilo/Roßbach, Hans-Günther (2005): Vorschulerziehung und Elementarpädagogik. In: Einsiedler, Wolfgang/Götz, Margarete/Hacker, Hartmut/Kahlert, Joachim/Keck, Rudolf W./Sandfuchs, Uwe (2005): Handbuch Grundschulpädagogik und Grundschuldidaktik. Bad Heilbrunn: Klinkhardt, S. 276-285

Senckel, Barbara (2004): Wie Kinder sich die Welt erschließen – Persönlichkeitsentwicklung und Bildung im Kindergartenalter. München: Beck

Stamm, Margrit (2007): Begabtenförderung und soziale Herkunft. Gedanken zu den verborgenen Mechanismen ihrer Interaktion. In: Zeitschrift für Sozialisation und Soziologie der Erziehung, 3, S. 227-242

Stapf, Aiga (2003): Hoch begabte Kinder im Vorschulalter: Diagnostik und Beratung. In: Wagner, Harald (Hrsg.) (2003): Frühzeitig fördern – Hochbegabte im Kindergarten und in der Grundschule. Bonn: Verlag Karl Heinrich Bock, S. 41-51

UN-Kinderrechtskonvention, Artikel 29, zitiert nach: Nutbrown, Cathy (2004): Kinderrechte: Ein Grundstein frühpädagogischer Curricula. In: Fthenakis, Wassilios/Oberhuemer, Pamela (2004): Frühpädagogik international – Bildungsqualität im Blickpunkt. Wiesbaden: VS-Verlag

Veil, Mechtild (2003): Kinderbetreuungs-Kulturen in Europa: Schweden, Frankreich, Deutschland. In: Bundeszentrale für politische Bildung (Hrsg.) (2003): Aus Politik und Zeitgeschichte. B 44/2003. http://www.bpb.de/publikationen/AYEFM4.html (25.10.2010, letzter Zugriff)

Vojta, Václav; Schweizer, Edith: Die Entdeckung der idealen Motorik. Pflaum Physiotherapie. Die Entwicklung der angeborenen Bewegungsmuster im ersten Lebensjahr. München; 2009

Volkert, Werner (2008): Die Kindertagesstätte als Bildungseinrichtung – Neue Konzepte zur Professionalisierung der frühen Kindheit. Wiesbaden: VS-Verlag

Von Hentig, Hartmut (1998): Kreativität. Hohe Erwartungen an einen schwachen Begriff. Weinheim und Basel.

Weber, Sigrid (Hrsg.) (2003): Die Bildungsbereiche im Kindergarten. Freiburg: Herder

Wehr, Laura (2009): Alltagszeiten der Kinder: die Zeitpraxis von Kindern im Kontext generationaler Ordnungen. Weinheim und München: Juventa

Weisberg, Robert W. (1989): Kreativität und Begabung. Was wir mit Mozart, Einstein und Picasso gemeinsam haben. Heidelberg

Youniss, James/Krappmann, Lothar/Oswald, Hans (1994): Soziale Konstruktionen und psychische Entwicklung. Frankfurt am Main: Suhrkamp

ZVK – http://www.zvk.org/s/content.php?area=650&sub=652&det=696&step=697 (25.10.2010, letzter Zugriff)

AutorInnen

DR. BIRGIT BEHRENSEN, Soziologin, seit Juni 2009 wissenschaftliche Mitarbeiterin in der Forschungsstelle Begabungsförderung des Niedersächsischen Instituts für frühkindliche Bildung und Entwicklung (*nifbe*), zuvor langjährige qualitative Forschungstätigkeiten und Veröffentlichungen, u.a. im Bereich Migration, Flucht und Bildung.

ANKE GREBE, Erzieherin und Dipl. Sozialpädagogin/Sozialarbeiterin, seit 1994 Leiterin der ersten integrativen Kindertagesstätte in Osnabrück. Arbeitsschwerpunkte: Gemeinsame Bildung und Erziehung von Kindern mit und ohne Behinderung, offene Kitaarbeit, Bewegungsförderung und geschlechtsbewusste Pädagogik.

MAGDALENA HOLLEN-SCHULTE M.A., Magistra Erziehungswissenschaften und Sportwissenschaften, Erstausbildung Physiotherapeutin, tätig in eigener Praxis für Kinder seit 1996, seit 1995 Referententätigkeit.

DR. EKKEHARD OSSOWSKI, Studium Diplompädagogik (Vorschulerziehung), Germanistik, Psychologie, Soziologie und Medizin, Hilfslehrer an einer Förderschule mit Förderkindergarten sowie Forschungen in der Hörgeschädigtenpädagogik und Pädagogik der Geistigbehinderten, 1995 Fiebiger-Professur in Vorschul- und Grundschulpädagogik an der Universität Koblenz-Landau, seit 2001 wissenschaftlicher Mitarbeiter an der Uni Osnabrück.

MEIKE SAUERHERING M.A., Magistra Erziehungswissenschaften und Sportwissenschaft, Erstausbildung als Erzieherin, wissenschaftliche Mitarbeiterin der Forschungsstelle Begabungsförderung des *nifbe* seit Juni 2008.

MONIKA SPANG, Diplom-Biologin und Erzieherin, stellvertretende Leiterin einer Kindertagesstätte, Fortbildung „Specialist in Pre-School Gifted Education", Inhaberin des ECHA-Certificate.

PROF. DR. CLAUDIA SOLZBACHER, Leiterin der Forschungsstelle Begabungsförderung des nifbe, seit 1997 Prof. für das Fachgebiet Schulpädagogik an der Universität Osnabrück, u.a. Kooperationspartnerin des Internationalen Centrums für Begabungsforschung (ICBF) an der Westfälischen Wilhelms-Universität Münster und des „Nordverbundes Schulbegleitforschung", Mitglied des wissenschaftlichen Beirats der Zeitschrift „Pädagogische Führung. Zeitschrift für Schulleitung und Schulberatung", und der Initiative „Qualitätsmanagement an Schulen" der Stiftung der Deutschen Wirtschaft (sdw) und Mitglied des Wissenschaftlichen Beirates und Vertrauensdozentin des Studienkollegs Begabtenförderung für Lehramtsstudierende der sdw, Mitglied des Hochschulrates der Universität Osnabrück.

MARTINA VOGEL, M.A., Erzieherin, Magistra Kunstpädagogik und Philosophie, seit 1999 Fachwirtin und Leiterin einer kommunalen Kindertagesstätte, Arbeitsschwerpunkte: Kreativpädagogik, Stärkenorientierung und Teamentwicklung.

WIEBKE WARNECKE, Diplom-Pädagogin (Erziehungswissenschaften, Soziologie und Psychologie), seit April 2008 wissenschaftliche Mitarbeiterin in der Forschungsstelle Begabungsförderung des *nifbe*. Tätigkeits- und Forschungsschwerpunkte u.a. Heterogenität/ Diversity und Bildung, Verschiedenheit und Begabungsentfaltung, international vergleichende Erziehungswissenschaft mit Blick auf Bildung im Kindes- und Jugendalter (Schwerpunkt Neuseeland, Postcolonial & Minority Studies).

Das Niedersächsische Institut für frühkindliche Bildung und Entwicklung (*nifbe*) wurde 2007 gegründet und verbindet auf innovative Weise die interdisziplinäre Forschung mit der Praxis sowie der Aus- und Weiterbildung im Elementarbereich.

Die Forschungsstelle Begabungsförderung ist eine von drei Forschungsstellen des *nifbe*. Sie besteht aus zwei Arbeitsgruppen: Der pädagogischen unter der Leitung von Prof. Dr. Solzbacher und der psychologischen unter der Leitung von Prof. Dr. Kuhl.

Für die *nifbe* Forschungsstelle Begabungsförderung ist ein weites und dynamisches Begabungsverständnis grundlegend.

Einblicke in die Welt der Kinder

nifbe (Hrsg.)
Auf die ersten Jahre kommt es an

80 Seiten | Kartoniert
ISBN 978-3-451-32323-2

In den ersten Jahren werden die entscheidenden Grundlagen für die zukünftigen Bildungs- und Entwicklungschancen unserer Kinder gelegt. Wie Kinder lernen und wie sie bestmöglich bei der Entwicklung von emotionalen, sozialen, kognitiven und motorischen Kompetenzen unterstützt werden können, zeigt und erklärt dieser Band.

In jeder Buchhandlung oder unter www.herder.de

HERDER
Lesen ist Leben

Wie die Umsetzung der Bildungspläne gelingt

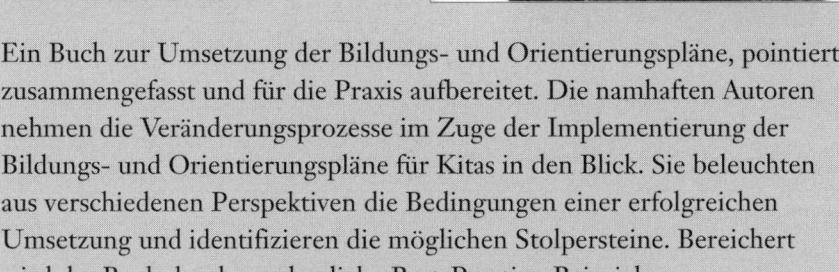